文庫

反・仏教学

仏教vs.倫理

末木文美士

筑摩書房

反・仏教学【目次】

章扉写真・章扉デザイン＝間村俊一

反・仏教学——仏教vs.倫理

第0章　倫理ぎらい

†倫理・道徳を疑う

これから三十章にわたり、倫理について考えていくことになった。さて、どうしたらよいのだろう。そもそも僕に倫理について語る資格があるだろうか。僕は倫理とか道徳とかいうのは大嫌いで、今でもそういう言葉を聞くと、虫酸《むしず》が走る思いがする。そういえば、高校のとき、倫理社会という科目があったけれども、てんでバカにして、まともに聞いた記憶がない。まあ、生意気盛りの頃だったわけだけれども。

道徳教育で立派な子供ができるのであれば世話はないが、まともに道徳教育をコドモが信じ込んだらどんな結果になるのかは、戦前の社会がよい見本を示している。今でもまた同じことをくり返したいオトナたちがゴマンといるようだが。

そんなわけで僕は倫理だとか道徳だとかいうのを目の敵《かたき》にして、しばらく前からいろんなところで公言したものだから、どこでも顰蹙《ひんしゅく》を買って、相手にしてもらえなかった。ある研究会でそういうことを言ったら、「あなたは社会的責任をどう考えるのか」といきり立って反論された方もいた。しかし、「社会的責任」を果たすことが本当に最終目的でよいのだろうか。それは極端にいえば、あのおぞましい戦争中の「滅私奉公」や、高度成長期の会社人間と同じことでしかないのではないか。

若い頃、そこまで考えたわけではないが、ともかく倫理ではなくて、宗教を専門とすることになった。宗教は倫理と緊張関係にある。倫理的な宗教もありうるが、それは宗教の一面にすぎず、少なくとも倫理に回収されきらないところにこそ、宗教の本当の問題がある。もっとも「宗教」という言葉自体定義が難しい。それについては、本書の最後に再び戻って考えたい（第30章）。

†宗教の領域

宗教はある点では特殊な世界である。宗教的な感性や体験というものがあって、それはすべての人にあるわけではない。わかる人にはわかるが、わからない人にはどうにもわからない、というところがある。けれども、宗教の提示する問題は、個人の感性や体験の有無に関わらない普遍的な意味を持っている。じつは同じようなことはどの分野にもいえるので、宗教だけの問題ではない。たとえば、科学は理論的には誰にもわかるのがタテマエのはずだが、だからといって誰でも科学的な発見ができるというわけではない。そこには特殊な才能が必要となる。

もっともそれだけならば、宗教という領域もありますよ、というだけの話で、それ以上のことではないと言われるかもしれない。実際、近代という時代はずっと宗教を軽蔑し続けてきた。宗教は迷信に近いものとして、科学が発展すればいずれはなくなるものとさえ考えられた。宗教などなくとも世界は平和で暮らしやすくなると考えられた。だが、現実はどうだったか。今日、科学も倫理もその限界をすっかり露呈してしまった。それならばどうすればよいのか。

別に「宗教」という言葉にこだわるつもりはない。抵抗があるならば、「宗教」という言葉を使わなくてもよい。ただ言えることは、倫理や科学、あるいは政治や経済、法律などで収まりきらない問題があるということであり、たぶんそのような合理性の領域を逸脱したところにこそ、本当の人間の問題が潜んでいるのではないかということだ。そして、これまでそのような問題にいちばん深く関わってきたのは宗教といわれるものだったことも事実である。だから、倫理や科学などに回収できない問題を考えるのに、宗教を手がかりにするのは必ずしも的外れではない。

ただ、僕は宗教を宣伝するつもりもなければ、自分の宗教体験を語るつもりもない。むしろこれまで宗教によって追究されてきた領域を、もっと言語に即して理論的に解明してみたい。そのような営為はおそらく「哲学」と呼ばれる領域にもっとも近いものであろうし、僕は端的にそれを「哲学」と呼んでもよいと思っている。

†方法としての仏教

もっとも僕が研究者として関わってきたのは宗教全般でもなく、いわゆる「哲学」でもなく、特定の宗教とされる仏教であり、僕の知識や思考の幅はとても狭いものだ。なぜ仏教になったかというと、それほど深い理由があるわけではなく、ごく普通の日本人として、キリスト教やイスラム教よりは仏教に親しむことが多かった、というだけのことだ。

大学で少し哲学を齧《かじ》ったときに、不思議に思ったのは、すべて西洋の話ばかりであり、宗教というとまずキリスト教がモデルとされるのが常であった。そして、それがあたかも普遍性を持っているかのように語られた。はっきりいって、これは僕の感性にピンとこなかった。そんな「哲学」を学び続けるのに疑問を抱いた。

それならば、もっと身近な仏教から出発して自分の生き方の問題を考えていくほうがましではないか。若い頃の僕は、散々悩んだ末にそう結論して、仏教の研究に入った。お寺の出身でない、いい若い者が仏教を勉強するなどというと、その頃はだいぶ不思議がられて、変人扱いされた。まあ、変人であることは間違いないけれども。

仏教を研究する学問を「仏教学」という。これは主として今現在の問題を直接扱うのではなくて、古典文献の世界に辛抱強く没頭する学問だ。だからこれも適性があるが、生きた人との付き合いや、現代の殺伐とした状況にすっかり疲れ果てた僕には、これ以上ふさわしい世界はなかった。そんな中に没入して三十年たった。

三十年たってふと頭をめぐらせて見ると、また不安になった。自分にとってもっとも心安らぐはずだった古典の世界が、必ずしもそうでないように思われるようになった。どんなにごまかそうとしても自分は現代に生きているのだし、そこから逃げることはできない。自分だけ大丈夫だという安全地帯などあるはずがない。それに仏教は過去の文献の中だけにあるのではなく、現に生きて機能している。としたら、どうしても今現在の問題を避けて通るわけにはいかない。そのような立場から仏教を研究することを「現代仏教学」と呼ぶとすれば、従来の「古典仏教学」に対して、「現代仏教学」の確立が不可欠になろう。

それゆえ、本書で展開するのは、ある意味でこのような「現代仏教学」の試みといってもよい。しかし、仏教に特別こだわるつもりはない。仏教は手がかりであり、それ自体が目的ではない。それを僕は「方法としての仏教」と呼んでいる。

せっかく手元に先人たちの深い思索の跡が残されているのであれば、それを活用しない手はない。しかも長い間の先人たちの積み重ねは日本の文化の深層レベルに沈められ、僕たちの発想を規定しているのではないか。仏教的な発想の解明は、同時に僕自身の深層の解明ではないのか。自分自身を差し置いて、どうして身につかない欧米の哲学のマネをする必要があるのだろうか。皮肉にも、西洋哲学の元祖は「汝《なんじ》自身を知れ」と、今の哲学者たちのしていることと正反対のことを言っているではないか。

本書では、仏教が正しいなどということは前提とされていない。仏教そのものも批判されなければならないところが多くあるはずだ。護教論を展開するつもりは毛頭ない。本書では、仏教を学んできたものの立場から、今日、倫理道徳では片がつかなくなっているさまざまな問題を取り上げて、考えてみる。その過程で同時に伝統を批判し、解体してゆく。かつて一部の哲学者たちは、西洋がだめなら東洋があるさ、とばかり、西洋の「近代の超克」を論じ、それに替わるものとして東洋の哲学の深遠さを賛美した。そんなおめでたい、しかし危険な日本賛美、東洋賛美こそ徹底的に批判されなければならない。自分自身を批判的にとらえなおすことによってのみ、本当に自らの足で立つ思想を形成することができるのではないか。

＊

以下、まず第Ⅰ部（第1―9章）で仏教の思想史を振り返りながら、仏教と倫理の関係の問題を取り上げて、議論の緒としたい。それによって、先に進むための足場を固めることができるだろう。その後、もう少し問題を一般化して論じてゆくことになる。第Ⅱ部（第10―20章）の軸となるのは倫理的な世界（それを僕は〈人間〉の領域と呼ぶ）を超えた他者の問題であり、そして、第Ⅲ部（第21―30章）では、他者の中でも他者というべき死者との交流から新たな道が開かれないか、ということを提起する。もし第Ⅰ部の仏教に関する議論が煩わしければ、第Ⅱ部から読みはじめてもかまわない。

倫理を超えたところに本当に僕らがぶつからなければならない問題がある。それゆえ、それは超・倫理と呼ぶことができる。あまりに常識からかけ離れた僕の説を、どれだけの人が受け入れてくれるかわからない。しかし今日、死者を無視して生けるものだけで生を謳歌《おうか》することはもはやできない。おめでたい楽観主義でもなく、投げやりなニヒリズムでもなく、自分自身の深層にまでしっかりと下っていきながら、そこに何が生まれるかを見極めていくことにしよう。

I 仏教を疑う

第1章　仏教も倫理も疑わしい

†仏教を疑う

そんなわけで、仏教を専門としながらも、どうも僕の言うことはあやしげで、マジメ（？）な仏教者の方からはしばしば苦情を持ち込まれる。以前、韓国から留学していた僧侶の方から、「先生は本当に仏教を信じているのですか」と、正面から難詰《なんきつ》するかのように問われて、たじたじとしたことがあった。とてもまじめな方で、帰国してから仏教界で活躍されているようだ。彼から見れば、いつも仏教の悪口を言っている僕など、許し難かったに違いない。

僕は彼の問いに、「〈仏教〉という言葉、そして、〈信ずる〉という言葉が何を意味するのか、それによるのではないかな」と答えた。ちょっと逃げたみたいだが、でもそれが正直なところだ。「仏教」といっても、キリスト教と違って、信仰箇条のようなものがあるわけではないから、何をもって「仏教を信じる」ということになるのか、その基準がない。今の教団仏教をもって仏教というのだろうか。それならば、「信じられない」というのが率直な答えだ。

では、何が「仏教」なのか。少し前、一部の研究者の方から、「正しい仏教」とは何か、という問題が提起されて、大きな議論になったことがあった。いわゆる批判仏教の運動で、僕自身もその論争に巻き込まれた。これについては、第2章でもう少し説明したいが、その議論の過程でわかったことは、「正しい仏教」といっても、客観的な基準があるわけではなく、それを実践する人の主体的なあり方による、ということだった。つまり、既成の権威に寄りかかることなく、自分の目で見、心で感じ、頭で考えていくことだ。もしそれが実践できたら、すばらしいことだ。少なくともその方向へ向けて多少の努力はしてみたい。

だから僕は、「お釈迦様はこんなことを言っています。やはり仏教はすばらしい」というお説教は絶対にしない。仏教もまた疑ってかかるべきだ。その点からしても、信仰から入る宗教の立場よりも、疑いから入る哲学の道のほうが親しい。それは信仰篤い方から見れば、いかにも不謹慎で、仏教を冒瀆《ぼうとく》するようにも見えるかもしれない。しかし、信じられないものはどう無理しても信じるわけにはいかない。それが僕の出発点だ。

†倫理・道徳を語る資格

さて、そこで倫理の問題に戻ろう。一時少年たちの凶悪犯罪が続いて、社会的に大きな問題となった。そのとき、「なぜ人を殺してはいけないのか」というひとりの少年が出した疑問に、雑誌で特集を組むやら、テレビで討論するやら、大の大人たちがあたふたと騒ぎ立て、あれこれ屁理屈をこねて、茶番をやらかしているのが、なにやらおかしかった。少年の疑問なんて、どんな時代でもあまり変わらないものだ。僕自身中学生の頃、同じ疑問に悩んだし、それからずっと疑問に思ってきたのだから。

別に人を殺していけないわけではない。武士は人を殺すのが仕事だったし、今でも戦争は殺し合いだ。それならば、戦争はいけないというかもしれない。僕は臆病だから、戦争なんて絶対にいやだ。でも、いやでも戦わなければならないときだってある。たとえば、日本の侵略に対して立ち上がり、抗日戦争に協力した中国の仏教者たちを、戦争に加担したという理由で批判することができるだろうか。平和主義を貫かなかったからといって、彼らが仏教精神に背いているということができるだろうか。僕はそうはいえないと思う。九・一一事件とその報復のアメリカのアフガン攻撃のとき、日本の仏教者たちのいく人かの方が、ガンディーの非暴力の精神でなければいけない、と悟ったふうなことを言っていたのには、正直をいって幻滅を感じた。誰でも外から見ていて非暴力、戦争反対をとなえることはできる。

しかし、いったいどれだけの覚悟でそう言っているのだろうか。もし日本が一億総動員の翼賛体制になったら、そういうときでも非暴力で戦争反対を貫けるのだろうか。特高につけ狙われ、「アカ」「非国民」と世間から指弾され、逮捕拷問され——それでも、自分個人だけならばまだ耐えられるかもしれない。でも、家族までもが「非国民の母」「アカの子」として爪はじきされ、泣き暮らさなければならなくなっても、それでも非暴力、戦争反対を貫けるだろうか。

ガンディーが要求しているのはそのようなことだ。決して自分はぬくぬくと安全なところにいて、他人を批判することではない。それは命がけで、家族や友人をも犠牲にする闘いだ。その点で中国の仏教者たちの抗日活動と決して異質ではない。それができるかどうかの問題だ。

はっきりいって、僕にはそれができるほどの強さがない。戦争はいやだと思っても、人殺しはいやだと思っても、それでも拷問に耐え、家族まで巻き込んで、自分の信念を貫けるほどの強さはない。多分、裏で文句を言いながら、表では国に従い、世間に従うだろう。「長いものに巻かれろ」ではいけないと言われるかもしれないけれども、自分がそれに抗していけるほど強くないことは、誰よりも僕自身がいちばんよく知っている。そんなわけで、僕には倫理道徳を語る資格がない。倫理道徳を語る強さはない。

僕が大学院時代に指導していただいた田村芳朗《よしろう》先生は、篤い『法華経《ほけきょう》』信仰を持っておられた方だが、学徒出陣で軍隊にとられたとき、上官から「天皇と『法華経』とどちらが上か」と問われて、「天皇」と答えざるをえなかったという。「『法華経』が上だ」などと答えたら、それこそ不敬罪で大変なことになっただろう。そのことへの慙愧《ざんき》が、その学問の原点になったと、しばしば語っておられた。

そのとき、「天皇」と答えざるをえなかったのを、誰も責めることはできない。ただ、そのことを棚上げしておいて、戦後になってから倫理道徳を振り回すのでなく、たとえやむをえなかったとしても、そう答えてしまったことへの自責を一生持ち続け、それを内にこめて学問の原点とされたところに先生の誠実さを見る思いがする。その話をうかがってから、僕は先生を本当に信頼できる方と思うようになった。

†倫理道徳主義への疑問

おそらく「正しさ」に挫折するとき、倫理が貫けないと自覚したとき、そして、倫理的な「正しさ」が本当にすべてなのだろか、と疑問を持ったとき、そこにはじめて新しい世界が開けてくるのではないだろうか。実はこのような立場から、明治の時代に世の中の倫理道徳主義を批判したのが、一部の仏教者たちだった。大日本帝国憲法が制定され、天皇中心の国家が確立し、さらに教育勅語が発布されて、国民の道徳の原理が明らかにされた。それから倫理道徳の時代になる。宗教は自由だけれども、天皇中心の道徳は誰もが守らなければならない。道徳は宗教に優越する。それが時代の風潮だった。

その中で、はたして本当に世俗の倫理道徳がいちばん根本なのか、という疑問を提示した仏教者たちがいた。浄土真宗《じょうどしんしゅう》の清沢満之《きよざわまんし》や日蓮《にちれん》信仰の高山樗牛《たかやまちょぎゅう》たちだった。彼らは世俗的な倫理道徳主義に挫折し、倫理道徳を批判するところから、宗教への道を切り拓いていった。彼らに対しては、社会国家をどう考えているのか、という厳しい批判が当時からなされたが、彼らは結核で早く亡くなってしまったから、そうした批判に十分答える余裕がなかったのは残念なことであった。

最近、僕はこのあたりのことに関心を持って、少し勉強している。いずれ本書でもう少し詳しく取り上げることになるだろう。ともあれ、仏教者によって倫理道徳の批判がなされ、宗教を倫理道徳と別のところに求めようという態度が確立したことはとても重要だし、とても勇気づけられることだ。

そんなわけで、仏教と同様、倫理もまた疑ってかかることから出発しよう。倫理的に立派なことは誰でもいえる。生命を大切にしましょう、自然を大切にしましょう、仏教は生命を大切にし、自然を大切にする宗教です——そんなご立派なスローガンを掲げたって、実際に何をするのですか、何ができるのですか、と問われたとき、いったいどのように答えられるのだろうか。口先だけでなく、どれだけ実践できているかが問題だ。ご立派なスローガンはまず疑ってかかるほうが賢明だ。

では、倫理を否定してしまったら、この人間社会で生きていけなくなってしまうではないか。無秩序でよいのか。それではあまりに無責任すぎるではないか。当然ながらそんな抗議が挙がってこよう。もちろん倫理が有効に機能する領域だってあるはずだ。倫理がどこで成り立ち、どこに限界を持つのか、それをはっきりさせることが必要だ。そのあたりを自分なりに少し整理してみたいというのが、本書の課題というわけだ。

とはいえ、先を急がず、まず仏教がこれまで倫理とどのように関わってきたかを、歴史を振り返って検討するところから始めてみよう。過去の蓄積の上に現代はあるのだから、過去をきちんととらえなおさずには現代の問題にも対処できないというのが、僕のもっとも根本的な考えだ。

第2章　仏教の倫理性欠如

†仏教に「倫理」はない？

田村芳朗先生は仏教と倫理の問題を深く考えた方であったが、その成果のひとつに「仏教における倫理性欠如の問題」という論文がある（『田村芳朗仏教学論集2・日本仏教論』春秋社、一九九一所収）。仏教の倫理を自明のことのように説くのではなく、逆に仏教に倫理が欠けているという批判に耳を傾け、それがどういう根拠でいわれ、また、それがはたして適切な指摘であるかどうか検討してみようというのである。この論文は何度読み返しても新鮮で、僕自身、倫理の問題を考えようとすると、結局田村先生の論をトレースするだけで、それより大きく発展していないことを告白しなければならない。

この論文で、田村（以下、敬称略）は、江戸時代の排仏論から井上哲次郎《いのうえてつじろう》にいたる世俗倫理優先の立場からの仏教批判、宗教批判に対し、清沢満之らがはっきりと倫理道徳を否定し、宗教固有の領域を擁護したことを取り上げる。そしてその際に、今度はキリスト教側から、キリスト教は倫理的であるのに対して、仏教は倫理性が欠如しているという批判が出されていたという事実を指摘する。キリスト教側のいう倫理とは、「儒教倫理のごとき、とざされた社会内の秩序維持としての倫理ではなく、それは否定し、こえるのではあるが、その否定し、こえたところから、歴史形成・社会改造の実践をおこしてくることを意味している」（同書、三七頁）。

本書Ⅱ部で詳しく論ずることを先回りして言っておけば、人間同士の関係を規制する倫理の立場を、僕は本書で〈人間〉の立場と呼ぶ。それは「人と人の間の関係」だからである。それは、田村のいう「儒教倫理のごとき、とざされた社会内の秩序維持としての倫理」に近いものである。実際、江戸時代に儒教などからなされた仏教批判は、この立場からのものが多かった。ただ、僕はそのような倫理が必ずしも「とざされた社会内」のことに限らず、もっと広い範囲まで含み、極端にいえば人類全体に関わる問題まで含まれると考える。

それに対して、キリスト教からの批判は、キリスト教には〈人間〉の立場を超えた、より高次のところから発する宗教独自の倫理があるが、仏教には欠けている、と言い換えることができるだろう。要するに、キリスト教は神に根拠を持つ超越的な倫理を主張できるが、仏教には神に当たるものがないから、絶対的な根拠を持った超越的な倫理が主張できないというわけである。

田村によると、さまざまな哲学者や宗教家の仏教に対する批判は、遁世《とんせ》主義、空《くう》・一如《いちにょ》思想、神秘主義的性格という三点に向けられているという。遁世主義というのは、仏教が世俗超越の方面ばかり強調し、世俗内の現実の問題に無関心になりがちなことである。空・一如思想というのは、すべてが空・無実体であり、悟りの世界として一体（一如）であるならば、そこでは善悪の区別をすることができなくなってしまうのではないか、という問題である。神秘主義的性格というのは、悟りの体験に究極的な価値を置くため、その他のことが軽視されることである。

そのうえで田村は、このような批判が主として社会倫理の面に向けられていることを指摘し、「仏教の根本的立場に右のごとき倫理性が欠けているのか、あるいは、進展史上において、ないしは伝播地域によって、きえてしまったのか、それとも欠如しているとか、消失したとみるのは偏見で、おおいに発揮されているのか」（同書、五〇―五一頁）と疑問を提示し、それには最終的な回答を示さず、多少のヒントを与えることによって、論文を終わらせている。そこから先に進めることは、田村によってわれわれに残された宿題である。

それを本書でこれから検討していくわけだが、あらかじめ簡単にその方向を示しておこう。僕は、仏教にはキリスト教のような宗教的、超越的な倫理はないし、それでかまわないと考える。倫理はあくまで世俗の〈人間〉のルールの問題だ。むしろ、僕たちはつねに〈人間〉のルールに回収できない問題に直面しなければならず、そのほうがじつは大きな問題なのだ。〈人間〉の相互了解を超えたところで出会われるのが他者であり、なかんずく他者の中でも死者である。他者や死者との出会いからどのように出発できるのか。それが倫理を超えた超・倫理の問題である。

仏教の中でも、初期には必ずしも他者の問題は大きく取り上げられることがなかったが、かえって実践的には倫理が生きていた。他者がはじめて正面から問われたのは、菩薩《ぼさつ》の理念から大乗仏教《だいじょうぶっきょう》が形成される過程であった。それは同時に倫理が崩壊し、超・倫理へと超出していく過程でもあった。しかし、これまでの研究者は必ずしもそのようにはとらえていない。それゆえ、ここで仏教をとらえる枠組みそのものの再検討が必要となる。

ただし、僕がしようとしているのは、ある意味で極端な仏教解釈であり、それに対しては、仏教にも倫理が成り立つという見方も当然ありうる。というか、そのほうがふつうである。仏教の倫理性にもとづいた社会的な活動は社会参加仏教と呼ばれ（第8章参照）、近年注目されている。そのような活動を僕は必ずしも否定するわけではない。それはそれで、今日真剣に仏教のあり方を問いなおそうという試みだからである。ただ、それでもその場合、倫理はあくまで〈人間〉の領域の問題であり、キリスト教のような超越的倫理があるわけではないことに注意しなければならない。

さて、仏教の倫理性欠如はとりわけ日本仏教の場合に著しいといわれる。田村の指摘する仏教の地域性の問題である。本章では以下、このような日本仏教の倫理欠如の代表のように言われる本覚《ほんがく》思想の流れについていささか検討することにしたい。

†本覚思想とは何だろうか

じつは田村がもっとも専門とするところが本覚思想である。それまでごく一部の研究者によって研究が進められていた本覚思想を、田村ははじめて日本仏教の核心としてとらえ、狭い仏教だけの問題でなく、日本文化全体をとらえなおすキーワードとして提示した。このように、新たに注目されるようになった思想であるだけに、その規定にも曖昧なところがあり、さまざまな議論を惹き起こすこととなった。

本覚思想は、広義には日本の中世に発展した現実肯定的な仏教思想を総称するが、狭義にはとくに中世の天台宗《てんだいしゅう》で発展した潮流を指し、天台本覚思想とも呼ばれる。中世の天台宗では口伝法門《くでんほうもん》が発達し、究極の真理は公開されず、師から弟子へと秘密裏に口伝えされるものとされた。その流派に慧心《えしん》流と檀那《だんな》流があり、その口伝法門の中で形成されたのが天台本覚思想である。そのような傾向は平安時代の後期に始まり、中世を通して発展し、江戸時代に批判を受けて衰退するまで、大きな影響を残した。口伝とはいっても、次第にそれが文献化されて遺《のこ》されているので、その内容をうかがうことができる。

本覚思想の代表的な文献のひとつに『三十四箇事書《さんじゅうしかのことがき》』があるが、そこには、「無常は無常ながら、常住《じょうじゅう》にして失《しっ》せず。差別は差別ながら、常住にして失せず」とか、「衆生《しゅじょう》を転じて仏身《ぶつしん》と成るとは云《い》わざるなり。衆生は衆生ながら、仏界は仏界ながら、倶《とも》に常住と覚《さと》るなり」などといわれている。すなわち、無常のこの世界は無常のままで永遠の悟りを実現しており、改めて別に悟りを求める必要はないというのである。衆生は衆生のままでよく、仏になる必要はない。地獄は地獄のまま、人間は人間のままでよいのである。

通常の仏教の考え方からすれば、修行を経てはじめて悟りにいたるのであるが、本覚思想によれば、修行は必要なく、凡夫《ぼんぷ》は凡夫のままでよいことになる。衆生だけでなく、草木もまた成仏している。それゆえ、いまさら草木成仏《そうもくじょうぶつ》という必要さえない。草木は不成仏でよい。成仏しない草木のままで、そのまま仏の世界なのである。

このように、本覚思想によれば、この世界はすべてそのままでよく、何ひとつ改める必要はないことになる。こうした考え方は、天台の本覚思想にもっとも典型的に見られるが、それに限らず、中世の仏教に広く見られるところであり、それをも含めて広義の本覚思想ということができる。本覚思想は中世の日本文化に大きな影響を与えた。無常を無常のままでよしとする発想は、『徒然草《つれづれぐさ》』などにも見えるし、自然の草木がそのまま仏の世界であるという発想は、中世の芸能や芸術、茶道・華道などにも生きている。

†本覚思想の反倫理的性格

それでは、倫理的な問題に関してはどうかというと、これがなかなか難しい。世俗的な世界がそのまま仏の世界だと見る点からすれば、世俗の〈人間〉の倫理をそっくり認めることになり、倫理重視となる可能性がある。江戸時代初期の特異な禅者鈴木正三《すずきしょうさん》は、士農工商がそれぞれ世俗の職分を果たすことがそのまま仏行（仏としての活動）だという職分《しょくぶん》仏行《ぶつぎょう》説をとなえたが（第14章参照）、一種の本覚思想的な発想といってよいであろう。また、自然の草木をそのまま仏の世界と見るという本覚思想的な発想は、今日エコロジーと結びつけて環境倫理の立場から注目されている（第20章参照）。

では、本覚思想は本当に世俗倫理重視の立場に立つのかというと、そうは一概にいえない。というよりも、あるがままの現状をそのまま認めるということは、凡夫はさまざまな迷いのもととなる煩悩にまみれたままでよいことになり、向上の契機が失われる。そこから、どのようなことをしてもかまわないという無節操、無批判な無倫理主義に陥ることになる。

このような論は法然《ほうねん》や親鸞《しんらん》の門下でもしばしば問題になっており、阿弥陀仏《あみだぶつ》によって救われるのであれば、どんな悪でもなし放題という造悪無礙《ぞうあくむげ》説が問題となったが、それもこのような本覚思想的な発想と関係深いものである。有名な『歎異抄《たんにしょう》』の悪人正機《あくにんしょうき》説もまた、そのような傾向の中から生まれたものである。現世のすべてが認められるとすれば、悪行もまたそのまま否定されるべき理由はなくなる。

本覚思想の反倫理的性格に対する批判は、近年「批判仏教」と呼ばれる運動においてとりわけ問題とされた。「批判仏教」というのは、袴谷憲昭《はかまやのりあき》・松本史朗《まつもとしろう》ら、曹洞《そうとう》宗系の仏教学者によって起こされたもので、従来の仏教研究に対して厳しい批判を突きつけ、海外にまで大きな影響を与えた。この運動はそもそも宗門内における差別問題を大きな課題として出発しており、袴谷はその由来を本覚思想に求めた。すなわち、本覚思想は現状をそのまま認め、「差別は差別ながら、常住にして失せず」という立場から、差別の現実を固定化し、合理化する結果を招く。

袴谷は自らの著作を『本覚思想批判』（大蔵出版、一九八九）と題し、正面から本覚思想に対して批判を突きつけた。袴谷の批判には本覚思想に関する誤解もあり、そのまま簡単に肯《うべな》うことはできないが、本覚思想を現代日本の倫理問題と絡めて取り上げ、そもそも仏教とは何か、というもっとも根本的な問題にまで立ちいたりながら問題にしたという点で、きわめて重要な意味を持つものであった。

本覚思想は日本の中世に発展したものであり、その点で日本独特のものと考えられ、そうとすれば、本覚思想にもとづく倫理欠如は仏教の本質ではなく、日本という地域だけに特有の問題であるように見える。しかし、じつは類似の現実肯定的な思想は中国禅などにもすでに見えるもので、必ずしも日本だけに限られない。そればかりでなく、松本史朗は、そのおおもとはインドの如来蔵《にょらいぞう》思想（第7章参照）に源泉があるとして、如来蔵思想から、さらには初期仏教の思想にまでさかのぼって批判の対象としている（『縁起と空』大蔵出版、一九八九）。

そうなれば、地域的な問題ではなく、仏教という宗教の本質に内在している問題ともいえそうである。そこで、日本の枠を超えて、インドの仏教から考えなおす必要が出てくる。

第3章　原始仏教の倫理性

†原始経典の教え

日本仏教の範囲で見るとき、仏教がただちに倫理的といえるかどうかかなり疑問がある。少なくとも批判を受ける余地は大きい。それではインドの場合どうであろうか。仏教の開祖は釈迦《しゃか》族出身のゴータマ・シッダールタであるが、悟った人の意でブッダ（仏）とも呼ばれ、釈迦族の尊者の意で釈尊《しゃくそん》・釈迦仏とも呼ばれる。ブッダ生存時からその後さまざまな部派が分裂するまでの初期の仏教を原始仏教と呼ぶが、原始仏教から、現在でもスリランカや東南アジアで行なわれている仏教（上座部《じょうざぶ》と呼ばれる）へとつながる流れでは、倫理性が強いということがしばしばいわれる。上座部仏教がいちはやく西欧で注目されたのも、ひとつにはこの点による。

たとえば、原始仏教の経典のひとつである『ダンマ・パダ』（法句経《ほっくきょう》）は、あらゆる仏典の中でももっとも多くの言葉に翻訳され、世界中の人々に親しまれてきているが、きわめて簡潔な詩句の中に、たとえ仏教信者でなくても通用する人生の深い叡智の言葉がわかりやすく記されている。

実にこの世においては、怨《うら》みに報いるに怨みを以てしたならば、ついに怨みの息《や》むことがない。怨みをすててこそ息む。これは永遠の真理である。（中村元訳『真理のことば・感興のことば』岩波文庫、第四偈）

人がもしも悪いことをしたならば、それを繰り返すな。悪事を心がけるな。悪がつみ重なるのは苦しみである。人がもし善いことをしたならば、それを繰り返せ。善いことを心がけよ。よいことがつみ重なるのは楽しみである。（第一一七、一一八偈）

すべての者は暴力におびえ、すべての者は死をおそれる。己《おの》が身にひきくらべて、殺してはならぬ。殺さしめてはならぬ。（第一二九偈）

これらの言葉は、ひとつひとつ誰の胸にも沁みる真実に満ちている。怨みや暴力を捨て、平和な安らぎに満ちた世界を願うことは、仏教徒のみに限られないであろう。仏教の根本の教えは、決して特別なことではなく、あまりに常識的すぎるくらいのことである。

すべて悪しきことをなさず、善いことを行ない、自己の心を浄《きよ》めること、――これが諸《もろもろ》の仏の教えである。（第一八三偈）

これは七仏通誡偈《しちぶつつうかいげ》と呼ばれ、すべての仏教の根本をなす教えとされ、漢訳では、「諸善《しよぜん》奉行《ぶぎよう》、諸悪莫作《しよあくまくさ》、自浄其意《じじようごい》、是諸仏教《ぜしよぶつきよう》」（諸善を奉行《ぶぎよう》し、諸悪を作《な》すことなく、自《みず》ら其《そ》の意を浄《きよ》む、是《こ》れ諸仏の教えなり）という形で知られている。

†「悪」とはどういうことか

では、そのとき「善」といわれ、「悪」といわれるのはどのようなことであろうか。「悪」として立てられる代表的なものが殺生《せっしょう》・偸盗《ちゅうとう》・邪婬《じゃいん》・妄語《もうご》・飲酒《おんじゅ》の五悪である。この五つを戒めたものが五戒《ごかい》であり、仏教の戒のもっとも基礎となるものである。

より整理されたものとして「十悪」がある。人の行為は、身《しん》・口《く》・意《い》の三つに分けられるが（三業《ごう》）、身の悪として殺生・偸盗・邪婬、口（言葉）の悪として妄語・綺語《きご》（かざった言葉）・悪口《あっく》（粗悪な言葉）・両舌《りょうぜつ》（不和を生ずるような中傷）、意（心）の悪として貪欲《とんよく》（むさぼり）・瞋恚《しんい》（いかり）・愚癡《ぐち》（おろかさ）が挙げられる。このうち、意の三つの悪は三毒ともいわれ、もっとも根本の煩悩《ぼんのう》とされる。十悪に対して、それをとどめて起こらないようにするのが十善である。

ところで、なぜこれらが悪とされ、またその反対が善とされるのであろうか。これについては、世俗を捨てて修行に専念する出家者と、世俗生活を営みながらブッダの教えを信ずる在家者とでその意味づけがいささか相違する。在家者にとっては、善業は死後、天などの幸福な境遇に生まれ、逆に悪業は地獄などの苦難に満ちた境遇に生まれる原因となる。この考え方は、くり返しこの世界に生まれ変わるという輪廻《りんね》の観念を前提としている。輪廻は仏教に限らないインド思想一般の特徴であるが、仏教では、生命あるもの（ただし植物は入らない）は、地獄《じごく》・餓鬼《がき》・畜生《ちくしょう》・修羅《しゅら》・人間《にんげん》・天《てん》の六つの領域（六道《ろくどう》）を経巡《へめぐ》るとする。輪廻する存在は衆生と呼ばれる。

輪廻の中にいる限りは、どんなによい境遇に生まれても、そこからまた悪い境遇に堕ちる可能性があって、いつでもびくびくしていなければならない。それゆえ、苦を離れることができない。輪廻の苦から解脱《げだつ》することこそ、最終目的となる。それが悟り（覚）であり、涅槃《ねはん》ともいわれる。そこにいたるためには、出家して修行しなければならない。出家者にとって、悪を捨てて善をなすというのは、戒《かい》・定《じょう》（禅定《ぜんじょう》）・慧《え》（智慧）の三学《さんがく》のうち、第一の戒にあたり、修行のもっとも基礎となるものである。

しかし、それではどうして悪業は輪廻の原因となるのであろうか。身・口の行為は、意（心）が表に現れたものであるから、もっとも根元になるものは心の煩悩である。仏教では心のあり方をもっとも重視する。『ダンマ・パダ』の最初も、「ものごとは心にもとづき、心を主とし、心によってつくり出される」（第一偈）といわれている。心の中に生まれる煩悩こそ人をこの世界に縛りつけるものである。煩悩はこの世界への執着に他ならない。

どのようにして輪廻の生存が成り立つかということは、縁起《えんぎ》の理法によって説明される。それによると、この世界における老死の苦はこの世界への愛着から生まれる。輪廻が苦しいものと知りながら、人はますますこの世界に執着し、そして輪廻をくり返す。その過程を詳細に定式化した十二縁起では、無明《むみょう》がもっとも根元に置かれる。無明をどのように解釈するかはいろいろ議論があるが、単に知的な次元での無知ということではないであろう。もしそうならば、その理論を知りさえすれば、それで解脱《げだつ》できるはずである。だが、いくら頭で理解しても、執着から逃れることはできない。頭での理解を超えて、人をこの世界に縛りつけているもの、それが無明である。

それゆえ、無明から離れるということは、具体的にはこの世界のさまざまな愛着を断ち、心を浄《きよ》めるということである。心が浄まれば、必然的に身・口の悪も離れることができる。ただ、在家者の生活では完全に煩悩から離れきることはできないから、輪廻から離脱することはできない。それゆえ、輪廻から解脱するためには出家修行が要請されるのである。

このように、原始仏教から上座部などの部派へと流れる系譜では、煩悩のはたらきを静めるために、日常生活を律していくことが要請され、それが仏教の倫理的性格を形づくることになる。正見《しょうけん》（正しい見解）・正思《しょうし》（正しい思惟）・正語《しょうご》（正しい言葉）・正業《しょうごう》（正しい行為）・正命《しょうみょう》（正しい生活）・正精進《しょうしょうじん》（正しい努力）・正念《しょうねん》（正しい思念）・正定《しょうじょう》（正しい精神統一）の八正道《はっしょうどう》は、それをもっとも定式化したものである。

だが、こうして見てみると、そこで理想とされる生活は、あくまで個人単位である。輪廻は自業自得であり、自らの行為の結果は自ら引き受ける以外にない。悪を離れ、善を求めるのも、あくまで個人レベルのことである。「犀《さい》の角のように独り歩め」（『スッタ・ニパータ』第三五偈）というのは、原始仏教以来のもっとも根本的な原則である。

†理想的な共同体

このように、根本的にはひとり歩むことを原則としているのであるが、実際には釈尊のもとに弟子たちが集まってくると、そこに自然に集団が生まれる。その集団は、悟りを求めるという同じ目標に向かって歩む修行者たちの自律的な集団である。それがサンガ（僧伽《そうぎや》）と呼ばれるものである。

集団ができれば、そこには規則が必要となる。その規則が戒である。それゆえ、戒はそれ自体善なる行為であると同時に、サンガを維持する規則という性格を持つものである。そこから二百条以上にものぼる戒の体系が作られ、それがまとめられたものが律蔵《りつぞう》である。それを護れるものだけが、サンガの成員となることを許される。出家修行者は比丘《びく》（男性）・比丘尼《びくに》（女性）と呼ばれて、教団の中核を構成する。

サンガには世俗社会の階級を持ち込むことが許されず、出家した年数だけが序列の規則となり、合議制をとる平等で民主的な集団である。教団が大きくなると、各地に分かれて行動するようになるが、それぞれの地域で活動するサンガは、最終的には出家修行者全員で構成される理念的な四方サンガを構成することになる。

現実には必ずしもそのようにうまく運営されたとばかりはいえず、中での反目や意見の対立などしばしば起こり、それゆえに教団は多数の部派に分裂する。そうではあるが、ともあれ孤独な修行をめざす修行者たちが、それゆえにこそ、かえって俗世間では成り立たないような純粋で理想的な共同体を構築していくのは興味深い。

そればかりでない。もうひとつ重要な点は、こうして構成されるサンガ共同体は、決して世俗社会と切り離されたところにあるわけではない、ということである。サンガは自給自足の閉じられた集団ではない。修行者は修行に専念しなければならないため、食物を托《たく》鉢《はつ》で得るなど、世俗の在家信者の援助を必要とする。そこに、教えを説くことによって、生活の援助を得るという相互依存の関係が成り立つことになる。出家修行者の教団と在家信者との相互依存的関係は、釈尊の時代から今日の東南アジアの社会にいたるまで、歴史を越えて連綿と続いている。

このような部派の仏教は、「大きな乗り物」を自認する大乗仏教の立場から小乗《しょうじょう》仏教(自分だけの悟りを求める小さな乗り物でしかない仏教)と呼ばれ、他者の救済を顧みない独善的な立場として批判される。しかし、そこではこのようにきちんとした共同体が形成され、世俗社会とも安定した関係を構築し、倫理的な行動規範が維持される。むしろそれに対して、大乗仏教のほうが自分ひとりだけの悟りでなく、他者の救済を目指すといいながら、倫理の崩壊が起こってしまう。これはきわめて逆説的で皮肉な話である。他者問題が出てくるとたんに、倫理の世界の充足は崩壊し、〈人間〉の領域で解決できない困難の中に突き落とされるのである。

第4章　菩薩の他者論

†合理的・理性的な原始仏教

原始仏教（初期仏教）においては、個人単位が原則と考えられた。戒律の根本である不殺生ということを考えてみても、殺生ということは殺す相手があってはじめて成り立つが、不殺生は必ずしも相手を想定しない。もちろん積極的に解釈すれば、生命を愛おしむということにもなるが、必ずしもそのような積極的な行動ばかりとはいえない。不偸盗の場合も同様で、盗むには盗まれる相手がいなければならないが、人里離れた山中にひとりで修行に励む場合は、そもそも盗まれる相手がいないことになる。悪のほうは他者がいなければ成り立たないのに対し、善のほうは必ずしも他者がいなくても成り立つのである。

前章でも触れたように、このことは倫理否定には必ずしもならない。むしろ自立した個人の間でこそ相互に相手を尊敬しあい、秩序を守って生活するという倫理が成り立つともいえる。近代の社会契約説は、それぞれ自立して生存する個人が相互に利害を調整するために契約を結び、そこに国家が生まれるというものであるが、原始仏典の中にはそれと類似した発想も見られ、きわめて合理的な発想に立っていることが知られる。そもそも原始仏教の求める根本は、情動的な執着を絶つことにより、合理的・理性的な生き方を築いていくところにある。

†悟りの原理と慈悲の原理

もちろん原始仏教にも他者に対する積極的な働きかけに属する徳目もある。「慈悲《じひ》」は原始仏教でも重視される徳目である。しかし、それが倫理的な体系の中でどのように位置づけられるかは、必ずしもはっきりしない。

そもそも、ブッダは悟りを開いたとき、それがとても世間の一般の人にわかるものではないので、そのまま人に教えを説かずに自分だけでその境地を味わい、生涯を終えようと思ったという。ところが、この世界の主である梵天《ぼんてん》（ブラフマー）という神は、ブッダがせっかく悟ったことをそのまま説かずに亡くなったら、苦しんでいる人々が救われないと考え、ブッダに対して教えを説くことを請うた。梵天が心から三回お願いしたことによって、はじめてブッダも教えを説くことに同意したという。この話は梵天勧請《かんじょう》と呼ばれて有名である。

この物語はブッダが自らの心の中での迷いや逡巡《しゅんじゅん》を克服して教えを説こうと決心するにいたる過程が、物語という形で語られたものと考えられよう。そうとすれば、そのときに梵天が勧請しなければどうなったか、などと心配するのは余計なことかもしれない。しかし、できあがった物語から考えれば、もし梵天が勧請しなければブッダの説法はなかったかもしれないのである。このことは、ブッダの教説が少なくともその中核には「人々のために教えを説く」ということを含んでいなかったということを示している。その悟った真理の中核に、「このことを人々に説かなければならない」ということが含まれていれば、逡巡する余地などなかったはずだからである。

教えを人々に説いてその苦しみから救うということはブッダの最高の慈悲の行為であるが、それが必ずしもその悟りの真理の中核になかったということは驚くべきことである。まったくひとりで人里離れてひっそりと死んだとしても、ブッダの悟りの根本に背くことにはならないのである。にもかかわらず、ブッダは教えを説いた。とすれば、それは悟りの真実からは出てこない別の原理によることになってしまう。すなわち、慈悲の原理はブッダの悟りの原理とは違うところにあるということである。

しかし、ブッダの後半生の伝道布教を見ると、その慈悲の行為は決してかりそめのものでなく、ブッダ自身の精神の根幹に関わるといわなければならない。悟りの原理に含まれないにもかかわらず、さまざまな困難を乗り越えながら教えを説いたとすれば、その慈悲はそれだけ一層尊いことになる。なぜならば、原理の中に含まれていることを実践するのは当然であり、驚くにも値しない。しかし、原理の中にないことを実践するとすれば、それは無償の行為であり、人々への愛以外にどこにも根拠を求められない純粋な行為だからである。

実際、すでに悟りを開いたブッダにとって、教えを説こうが説くまいが、それによってブッダたる本質に変化が生ずるはずもない。むしろ教えを説くことによって、人々と関わりを持てば、それだけ余計な面倒も生じ、煩わしい問題も生ずることになろう。

こうして原始仏教の原理には二つの異なる源泉があることになる。ひとつはブッダの悟りそのものに含まれているもので、最終的には四諦八正道《したいはっしょうどう》などといわれる体系にまとめられる。もうひとつはブッダの後半生の伝道布教の動機となるもので、それは悟りそのものには含まれない無償の慈悲の原理である。このことはブッダひとりにとどまることではなく、ブッダの教えを受けた弟子たちも熱心に各地に布教するようになる。それによって、仏教はインドはもちろん、セイロン（スリランカ）にも伝えられ、そこから東南アジアに広がる上座部仏教の厚い伝統が築かれるのである。

†慈悲は「他者」を必要とする

ところで、以上の考察からわかるように、慈悲ということは必ずその慈悲を及ぼす相手となる他者を必要とする。このことを最初に取り上げた不殺生や不偸盗とくらべあわせるとよくわかる。不殺生や不偸盗は他者がいなくても成り立つ行為であり、逆に殺生や偸盗という点で、慈悲は他者がいなければ成り立たない。他者を前提とするという点で、慈悲は不殺生や不偸盗よりも、殺生や偸盗と同じ範疇《はんちゅう》に属するのである。

なんだか詭弁《きべん》のような議論と思われるかもしれないが、他者の存在はそれだけ問題をやっかいにすることである。理想的人格としてのブッダならば、本当に無償の慈悲が成り立つかもしれない。しかし、少しでも煩悩が残っていれば、人間関係は必ずしも無償の純粋さを保つことはできない。ひとりでいる限り心が平静であっても、そこに人間関係が入り込むと、必ず嫉妬や競争、愛憎などの複雑な感情が生まれてくる。

ブッダ在世時から教団の中には相互に中傷や対立があったことが知られており、また、いろいろな教団のトラブルから、順次、戒が定められていったといわれている。ましてブッダ滅後になれば必ずしも順調に運営されたわけではなく、さまざまな分裂が生じたり、異義が出ていることを見れば、理想どおりの人間関係を築いていくことは決して容易ではない。

ブッダに対する反逆者として有名なデーヴァダッタ（提婆《だいば》達多《だった》）にしても、確かにブッダの教えに反して禁欲主義的な修行をとなえたことは事実としても、はたしてそれほどの悪人であったかどうかは疑問視されている。ある集団ができれば、そのような異端者がスケープゴートのようにすべての悪を押しつけられることは間々あることであり、不思議ではない。

あるいは、部派の分裂の原因として、大天《だいてん》という比丘が五つの異義をとなえたことが挙げられるが、その中には、悟りを開いた阿羅漢《あらかん》も夢精をすることがある、というような生々しい説もある。もちろん夢精自体は他者を要しないが、そのようなことが問題になることは、集団の中での人間関係に由来するところが大きいであろう。原始仏教の理論はそのような他者との関係から生ずる非合理的な要素を排除することによって、原理の合理性を徹底することができたのである。

†「他者」という困難

ところが、大乗仏教はこの他者との関係を根本原理に組み込もうとするもので、そこに原始仏教と異なる大きな特徴がある。大乗仏教の精神を体現するのが菩薩《ぼさつ》であるが、菩薩は自利と同時に利他の実現をめざす。自利は他者がいなくても実践しうるが、利他は他者なしには成り立ちえない。こうして大乗仏教はその原理に他者の存在を組み込むことになる。

人は他者なしには生きられないのだから、それを原理の中に入れるのは当然だ、と単純にいうことはできない。原始仏教の場合のように、それを原理に組み込まない体系も可能なのである。ところが、他者との関係を組み込むと、途端に問題がややこしくなる。他者は私を無関心、無関係なままにしておいてくれない。そこに、理屈ではどうにもならない愛着や憎悪のような感情が生まれてくる。相互に自立した修行者同士でも問題が起こるのだから、まして一般の人々や異教徒を相手にするのであれば、平穏で済むはずがない。

他者との関係を原理の中に織り込むということは、そうした状況が必然的に起こりうることを前提とするということである。場合によっては、争いや暴力も生まれてくるであろう。実際そのような問題が大乗経典の中で論じられている。こうして大乗仏教は、孤立した個の集合としての原始仏教の共同体では考えられなかった、解決困難な厄介な問題を背負い込むことになる。他者を考慮に入れることによって倫理が明らかになるのではなく、かえって倫理の原則が曖昧になり、なし崩しに崩壊するのである。他者とは、〈人間〉のルールを逸脱する得体のしれないものである。

大乗仏教は、このように他者を原理の中に入れることによって生ずる複雑な問題に対して、その中に埋没するのではなく、理想を生かすために、歯止めとなる原理を立てる。ひとつは菩薩の倫理として六波羅蜜《ろくはらみつ》を立て、理念を無限大まで追い求めることを課する。波羅蜜（パーラミター）は完成という意味で、布施《ふせ》・持戒《じかい》・忍辱《にんにく》・精進《しょうじん》・禅定《ぜんじょう》・智慧《ちえ》の六つの徳目を、中途半端でなく、徹底的に追求しなければならないという。それは中庸《ちゅうよう》を重んじ、極端を避ける原始仏教の発想とは異なっている。

もうひとつは、執着を避けるために「空《くう》」を徹底することを求める。「空」は大乗仏教の理論的な根幹をなすが、実践的にいえば、執着を離れ、とらわれのない自由な境地に立つことを求めるものである。

だが、そのような原理を立てることで、歯止めができるであろうか。かえって問題を複雑化してしまわないだろうか。「波羅蜜」による徹底といっても、それほど容易にできることではないし、執着のない自由な立場といっても、ご都合主義的な無原則に陥らないだろうか。こうして大乗仏教は、原始仏教にない複雑な問題を抱え込むことになったのである。

第5章　倫理から超・倫理へ

†自己犠牲の実践

大乗仏教の根本は菩薩の精神にあり、それは自利だけでなく、利他を求めるものという。それは非常にすばらしいことのようであるが、実際にはかえって倫理を危うくし、だからこそかえってそこに他者が突出してくることになる。このことを、もう少し歴史的な観点から具体的に確認しておきたい。

菩薩はボーディサットヴァの音写語《おんしゃご》である。ボーディは悟りのこと、サットヴァは衆生、あるいは有情《うじょう》と訳される言葉で、人間をも含めて六道を輪廻する存在を意味する。その二つの言葉が結び合わされたものがボーディサットヴァで、もっとも単純には、悟りを求める衆生の意に解されている。必ずしも大乗仏教になってできた概念ではなく、それ以前に成立していたもので、ブッダが悟りを開く以前のあり方を指す語であった。

輪廻の考え方によれば、ブッダは現世の修行だけで悟りを開いたわけではない。究極的な真理を悟るには、輪廻をくり返しながら、無限に長い時間修行を続けてきたはずである。

このような前提から、ブッダが前世でなした善行を物語る文学的なジャンルが成立した。これがジャータカ（本生話《ほんじょうわ》）と呼ばれるものである。

専門家の研究によると、ジャータカの成立やそれが菩薩と結びつくようになった過程はそれほど単純ではないようだが、今はそこまで立ち入らない。ともあれ、このようなジャータカ的な物語は、バールフトなどの仏塔の彫刻にも見られ、紀元前二世紀ころにはすでにできていたことが知られる。

ジャータカはパーリ語の大蔵経《だいぞうきょう》に収められるほか、さまざまな形で漢訳され、それが日本でも説話文学などに大きな影響を与えた。よく知られた話を、例として挙げてみよう。

◎兎本生《うさぎほんじょう》（『六度集経《ろくどじつきょう》』巻三）

山中に兎、猿、獺《かわうそ》、狐の四匹の獣が、仙人の説法を聴いて暮らしていた。ところが、仙人がもっと食物のあるところに移ろうとしたため、四匹はそれぞれ食物を探してきて、仙人を引きとめようとした。猿・獺・狐はそれぞれ食物を持ってきたが、兎は食物を探し出すことができなかった。そこで、自らの身体を捧げようとして、火の中に飛び込んだ。火は消えて、兎は助かり、その後も仙人の教えを受けて暮らすことができた（帝釈天《たいしゃくてん》によって、兎の姿は月の中に永遠にとどめられたという後日譚がつくものもある）。

◎シビ王本生（『大智度論《だいちどろん》』巻二五）

むかしシビ（尸毘）というすぐれた王がいた。帝釈天とその配下のヴィシュヴァカルマン（毘首羯磨）は王を試そうとして、それぞれ鴿《はと》と鷹となって、鷹が鴿を追い、鴿は王のところに逃げ込んだ。王は鷹に、鴿と同じ重さの自分の肉を与えることを約束し、秤で重さを量ったが、王の身体を割いて載せても、鴿のほうが重く、ついに身体ごと鷹に与えようとする。そこで、鷹と鴿は本身を顕し、王を讃えた。

これらはいずれも自らの身を犠牲にする話であり、シビ王の話は中央アジアの洞窟の壁画などに見られて有名である。同様の話として、飢えた虎のために身を投げ出して餌となったという捨身飼虎《しゃしんしこ》の話（『金光明経《こんこうみょうきょう》』など）もまた、法隆寺《ほうりゅうじ》の玉虫厨子《たまむしずし》に描かれていて有名である。

前章に述べたように、菩薩の徳目として六波羅蜜が挙げられるが、それは極限までその実践を徹底的に突きつめることである。わが身を捨てて他者に施すのは布施波羅蜜に当たるが、わが身を犠牲にする以上の贈与はありえない。それは決して誰にでも容易にできるものではない。それゆえにこそ、ブッダの前世として特別の意味があるのである。だから、もともと菩薩はブッダの前世のことであり、ふつうの人に可能なことではなかった。

†多数のブッダ

ところが、大乗仏教になると、いささか事情が異なってくる。大乗の大きな特徴のひとつとして、ブッダはひとりに限らず、多数のブッダを認めるようになったことが挙げられる。

もともとブッダはひとつの時代にはひとりしかいないというのが原則で、歴史上に出現した釈迦仏を除いて他に、現在の世界でブッダの存在は認められなかった。ただし、過去七仏《しちぶつ》といって、過去に七人のブッダが現れ、釈迦仏を第七番目とする説は早くから行なわれていた。また、第八番目のブッダとして、やがて弥勒《みろく》仏が出現するという信仰も比較的早く生まれた。しかし、現在は釈迦仏以外には存在しえないのであるから、ふつうの人がどれほど努力しても、その悟りはブッダとは異なり、ブッダにはなれないのである。

大乗仏教ではこの制限を外した。そのひとつの解決法は、現在他方世界を認めるというものである。この世界には確かに釈迦一仏しか存在しえない。しかし、この世界の外に別の世界があってもいいのではないか。そして、別の世界を認めれば、そこには釈迦仏以外のブッダが存在してもいいはずである。

無数の世界があれば、無数のブッダが可能となる。その代表格として、東方妙喜《みようき》世界にいます阿閦《あしゆく》仏、西方極楽《ごくらく》世界にいます阿弥陀仏などのブッダが考えられた。壮大に想像力をめぐらせてはじめて可能となる発想である。

菩薩の修行の過程も次第にパターンが形成された。阿弥陀仏に典型的に見られるように、過去世にブッダの前で発心して誓願《せいがん》を立て、それをブッダに認められて、将来ブッダになるという預言（授記《じゅき》）を受ける。それから長い修行のうえ、その誓願を達成して、ブッダになるというものである。

それと同時に、菩薩の理想的な姿も具体的な形で描かれるようになる。その典型が観世《かんぜ》音《おん》（観音《かんのん》）菩薩である。観音は、三十三身といわれるように、さまざまな化身をとって衆生を救済する。大乗仏教の利他を代表する菩薩である。その他、文殊《もんじゅ》菩薩・普賢《ふげん》菩薩など、さまざまな特性を持った菩薩たちが登場する。

†救済者ブッダへ

ところで、ブッダの多数性を認めることは、二つの相反した方向に可能性を開くことになる。第一に、ブッダが多数でありうるということは、菩薩としての厳しい修行さえ積めば、誰でもブッダとなれるという可能性を開くことになる。そこで、ブッダが前世に行なった六波羅蜜が修行の基本として重視されるようになる。確かにそれは困難な道ではあるが、ジャータカによって菩薩の修行の模範が示されたのであるから、その困難を克服できれば、誰でもその手本に従って、ブッダとなることができることになる。その点からいえば、ジャータカに見える実践は、私を救ってくれるブッダが実践した道であると同時に、私自身が菩薩であろうとするとき、自ら実践していくべき道でもある。

しかし、それは理想的ではあるが、あまりに過激で、通常では到底不可能である。わが身を捨てるような究極の布施は誰にでもできることではない。のちに定式化されるところでは、菩薩の修行が完成してブッダになるには三阿《さんあ》僧祇《そうぎ》劫《こう》かかるという。「阿僧祇」も「劫」もいずれも数の単位ではあるが、無限に近い数であって、要するに永遠に近い修行を要するということである。これでは気の遠くなる話であり、現実的とはいえない。

そこで、第二の方向が考えられる。それはブッダの超人性がより大きくなり、救済者として機能するようになる方向である。大乗仏教の興起《こうき》以前からブッダの超人化は進み、ブッダの遺骨を祀る仏塔《ぶっとう》（ストゥーパ）が建造されてブッダが崇拝対象とされるようになっていたが、その傾向は一層進むことになる。

もともと仏教では自業自得であり、自分で行なった行為の結果を自分自身が引き受けなければならない。それゆえ、他者による救済という発想は少なくともその本質ではなかった。しかし、ここへきて、救済ということが大きくクローズアップされることになる。ブッダは救済者であり、私はそのブッダによって救済される衆生である。それならば、気の遠くなるような長期間の修行も不要になる。

†ブッダという他者

このことを倫理という観点から見てみよう。六波羅蜜は確かに倫理的な徳目であり、それが実践できればこれほどすばらしいことはない。しかし、それを自らの身に引き受けようとすると、これはとても容易にはいかない。日常的に自らの生命を投げ出して布施を行なうことなどできるわけがない。もはやその観念自体が〈人間〉の倫理のレベルを超出してしまっている。

あまりに厳しい要求は、かえって実現不可能な空疎なこととなり、そこで逆転して、ブッダの救済にすがるという方向に展開することになる。第一の道から第二の道への転換ということである。しかし、そうなると他者に救済の手を差し伸べてくれるのはブッダであり、私のほうは責任を免除されることになる。六波羅蜜は倫理としての役割を果たさなくなる。あまりにも重すぎる倫理的な責任は、逆転してそれを他者であるブッダに委ねて、自らはそこから解放されることになる。浄土真宗の思想家清沢満之は、これを無限責任から無責任への転換として定式化した（第13章参照）。

ただ、今度は自分を救ってくれるブッダという他者とどう関わるかという、新たな他者問題が生ずることになる。ブッダもまた、倫理の秩序の中に入りきれない他者である。他者といかに関わるかという問題は、ブッダという得体のしれない巨大な他者が立ち現れることによって、新たな局面を提示することになる。ブッダという他者については、のちほど第15章で、『法華経』を例として考えてみることにしたい。

それでは第一の自らの修行という道はまったく不可能かというと、こちらにも工夫が凝らされ、もっと容易に悟りに達する道が工夫される。たとえば、禅の頓悟《とんご》のように現世で悟りに達することが可能な道が認められるようになる。そうなれば、気の遠くなるような永遠の修行をすることは不必要となる。悟りはだいぶ身近なものになり、他者に頼らずに、自力でも達することができることになる。その極限に本覚思想が考えられることになる。しかし、そこでは菩薩として他者に関わる実践が手薄になってしまう。

こうして第一の道も第二の道も、もともと菩薩の精神の中に含まれていた他者へのはたらきかけという面が弱くなってしまう。その代わり、第二の道の場合のように、ブッダという他者に真向かうという、新たな他者問題が出てくる。いずれにしても、もはや原始仏教のように秩序だった〈人間〉の倫理は成り立たなくなり、その倫理の成り立たないところに超・倫理の宗教性が求められていくことになるのである。

第6章　〈空〉の原理の曖昧さ

†〈空〉とはどういうことか

大乗仏教の根本の思想は〈空《くう》〉であるという。われわれにもっともよく知られているのは、『般若心経《はんにゃしんぎょう》』に「色即是空《しきそくぜくう》、空即是色《くうそくぜしき》」とある箇所であろう。では、〈空〉とはどういうことであろうか。少し抽象的な議論になるが、お許しいただきたい。

〈空〉とは無実体であるといわれる。つまり、この世界にはそれ自体で自立的に存在する永遠不変の存在はない、ということである。それは大乗仏教になって突然出てきたわけではなく、もともとは原始仏教で無我《むが》とか縁起といわれた原則に由来する。

この世界の存在がすべて縁起で成り立っているということは、必ず原因があって存在するということであり、ひとつのものだけで自立して単独で存在することはできない。この世界の存在はすべて因果の関係によって結ばれている。それゆえ、状況が変われば変化してしまうので、永遠不変の存在はありえないことになる。それが無我ということである。したがって、もともと縁起と無我とは等しいことになるが、〈空〉もまた、それと同じことを言い換えたものである。

しかし、それを〈空〉という新しい言葉で理解する以上、縁起や無我とはどこか違うところがあるはずだ。それはどこであろうか。〈空〉という言葉はもともとは何かが欠如していることをいい、その限りでは個別的な事態を意味するのであるが、大乗仏教ではしばしば世界全体の構造を端的に表現するようになる。大乗仏教の形成に当たっては、三昧《さんまい》といわれる瞑想が重要な役割を果たしたことが知られているが、〈空〉はその三昧においていわば一気に到達されるものである。その点、縁起や無我があくまで個別的な事象に即して、いわば分析的に筋道を追って理解され、体得されていくのと相違する。

もっとも、〈空〉もその哲学議論では理論的に解明されるものであり、また、大乗仏教でも悟りにいたる段階を説かないわけではない。『華厳経《けごんきょう》』には早くから十地《じゅうじ》という段階を説き、また善財童子《ぜんざいどうじ》が求道《ぐどう》のために師を求めて遍歴する話も出てきて、悟りにいたるためには大変な努力を要する。般若経典にも同じように常啼《じょうたい》菩薩の求道の話が出てくる。チベット仏教はもちろん、中国仏教でも天台や華厳などではかなり複雑な悟りへの段階を説く。

しかし、そのような厳しい段階論はともすれば曖昧にされがちである。中国では禅の頓悟説、日本では密教の即身成仏《そくしんじょうぶつ》説など、段階を経ずにすぐ悟りにいたることができるという発想が好まれ、段階説は次第に忘れられることになってゆく。そうすると、一気に究極の真理である〈空〉を悟ることができるかのような思想が、無責任で安易な形で広まることになる。

†〈空〉の両義性

〈空〉は実践的には無執着ということに結びつく。世界のありとあらゆる存在が〈空〉であるならば、それらすべての物は変化してしまうのだから、執着してもおよそ意味がない。何事にもとらわれることがなければ、自由自在に振る舞うことができる。〈空〉の体得によって達成されるのは大いなる自由である。〈空〉であり無執着なのだから、状況次第でころころ意見を変えてもかまわないではないか、ということになる。戦争のときには戦争に賛成し、平和になれば平和主義をとなえる――それが無執着で、空の実践だというのである。それでよいのだろうか。これもまた、大乗仏教における倫理崩壊につながることになる。

このようにルーズに解されるのは、日本の仏教に顕著に見られることであるが、そうなる要因は〈空〉の思想そのものの中にもある。先に『般若心経』の「色即是空、空即是色」を挙げたが、この「即」という言葉がくせものだ。「色」は五蘊《ごうん》（色《しき》・受《じゅ》・想《そう》・行《ぎょう》・識《しき》の五つの要素）の第一で物質的な存在のことであるが、その色のあり方が空ということであり（色即是空）、逆に空ということは色という具体的な場を離れて抽象的に成り立つものではない（空即是色）。

ところがそれが、具体的現象的な色（＝迷いの世界）がそのまま本質的絶対的な空（＝悟りの世界）と考えられて、両者が同一であると考えられるならば、迷いの世界はそのままで悟りの世界であり、迷いの世界を変える必要はない、ということになってしまう。実際、日本の本覚思想はそのような方向を極端に発展させたものである。「煩悩即菩提《ぼんのうそくぼだい》」とか「善悪不二《ぜんあくふに》」とかいわれ、煩悩や悪がそのままでかまわないと解されて、倫理が成り立たなくなる。

〈空〉というと否定的ニュアンスがこめられた言い方であるが、それはまた肯定的に〈真《しん》如《によ》〉とか〈実相《じっそう》〉ともいわれる。あるいは〈法界《ほっかい》〉ともいわれる。この世界全体が仏の世界である。そうなると、ますますこのありのままの現象世界をそのまま肯定するという方向が強まる。路傍《ろぼう》の小さな草花も虫たちも、みな仏の世界の中に生きているのだから、無駄な生命はない。どんな小さな生命も大事にしなければならない、というわけだ。僕自身若い頃、自分の人生に絶望しかけていたとき、このような教えを知って、どれほど救われたかわからない。

にもかかわらず、この場合も裏側がある。それならば、どんな悪いことをしようが、すべて仏の世界の中で行なわれていることなのだから、かまいはしないということになる。あたかもお釈迦様の手のひらの中の孫悟空のようなもので、どこまで行っても、何をしても、仏の世界を飛び出すことはできない。

†『維摩経』を手がかりに考える

このような〈空〉の両義性を『維摩経《ゆいまぎょう》』という経典を手がかりに、もう少し具体的に見てみよう。『維摩経』というのは、維摩（維摩詰《ゆいまきつ》、ヴィマラキールティ）という在家の仏教者が主人公で、大乗の立場から出家者である仏弟子たちをやり込めるという痛快な話である。『法華経』などを訳した鳩摩羅什《くまらじゅう》（三四四―四一三。一説に三五〇―四〇九）が漢訳したものであるが、在家仏教を重んじる中国の知識人たちに非常に好まれた。維摩こそ在家仏教者の理想像と考えられたのである。

『維摩経』は、病気の維摩に対して、文殊菩薩を筆頭に仏弟子たちや菩薩たちが見舞いに訪れ、そこで問答が交わされるという構成になっている。維摩の病気自体が実は衆生を救うために、維摩が仮に表したものである。「一切衆生病むを以《もっ》て、是《こ》の故に我病む」という言葉は、菩薩の理想の精神を表したものとして、よく引かれる。

維摩の部屋は文字どおりからっぽで、〈空〉である。侍者もいない。維摩は言う。「すべての魔や外道が私の侍者だ。なぜならば、もろもろの魔は生死《しょうじ》を楽しむが、菩薩は生死を捨てることがなく、外道はいろいろな見解を楽しむが、菩薩はいろいろな見解から離れることがないからだ」。魔や外道と菩薩とは、生死の中にいる点では同じである。しかし、魔や外道は、生死やいろいろな見解に執着するが、菩薩は決してそれらを捨てずに、しかし執着しない。それが両者の違いだ、というのである。

あるいは、「この身は無常だと説いてこの身を離れることを説かず、この身は苦であると説いて涅槃を願うことを説かない」とも言われている。生死の苦と涅槃の平安が別のところにあるわけではない。そもそも生死と涅槃というように、二元論を立てること自体が間違っている。両者が分けられないこと、それが「空」ということだ。

『維摩経』のひとつの山場は入不二法門品《にゅうふにほうもんぼん》であり、そこでは、さまざまな菩薩たちの言葉に託して、いろいろな対立的な表現が挙げられ、それらが本来不二であることが説かれる。たとえば、生と滅、善と不善（悪）、罪障と幸福、煩悩で穢《けが》れた状態（有漏《うろ》）と煩悩を離れた状態（無漏《むろ》）、世間と出世間、生死と涅槃などの対立概念が、すべて不二であることが説かれている。

「不二」とは、それらの概念の対立を超越して、より高次の段階に達することである。しかし、しょせん対立する二つの概念は同一だから、悪であっても善と同じ、煩悩の状態でも煩悩を離れた状態と同じ、生死のままでも涅槃と同じという具合に解釈すると、現状のままでいいということになり、それを変える必要はなくなってしまう。そうなると、やはり現状肯定に居直ることになり、それ以上には発展しない。

†大乗仏教と倫理

以上、菩薩と〈空〉という大乗仏教の根本の原理を検討してみたが、それらが倫理に関して難しい問題を抱えていることがわかったであろう。

第一に、大乗仏教は確かに衆生救済という高い理想を掲げる。六波羅蜜を説き、ときには布施のために生命をも捨てることを説く。また、衆生救済のために、衆生と同じ病気の姿をも示す。それはすばらしい。しかし、そもそもわれわれ凡夫にはそのような高度の救済活動ができるのか。ここに、他者としての救うブッダや菩薩が現れ、われわれは救われるべき衆生となる。

しかし、救われるわれわれは救うブッダや菩薩と異質ではないはずだ。これは、キリスト教などと根本的に違うところだ。それならば、不完全な凡夫とブッダや菩薩の高い理想の世界との距離はどのように埋めたらよいのか。そこに、媒介するものとして、他者としての死者が問題とされることになる。それは本書Ⅲ部の主題となるであろう。

第二に、大乗の原理はこの世界を全体として問題にする。「すべての衆生を救う」とか、この全世界が〈空〉であり〈真如〉〈実相〉であると説く。そのように世界全体を問題にすると、あまりに話が大きくなりすぎて、具体的な倫理にはいたらず、倫理は崩壊する。そこでは、どんな悪もすべて仏の世界の中に吸収され、認められてしまう。その倫理崩壊が超・倫理へと導くということもできる。

しかし、この場合、あまりに一気に問題を大きくしてしまうと、身近な問題が見えなくなる恐れがある。たとえば、遠くの世界の戦争よりも、自分の子供のことのほうがよほど気にかかるのが現実だ。もちろんそれは執着であり、それを超えるのが仏教だといえばそれまでだが、それを超えられないところから考えなおさなければ、現実的ではないだろう。

それゆえ、〈人間〉の倫理の世界から、超・倫理というどこか飛び離れた世界に移行すると見るのは不適切である。超・倫理といっても、日常とかけ離れたところにあるわけではない。執着したくなくても、執着してしまう日常に目を留めてみよう。そこに倫理的であろうとしても、そうできない自分自身に気づくだろう。日常そのものが〈人間〉の領域として完結したものではなく、〈人間〉を超えた超・倫理をはらんでいる。〈空〉や不二といっても、われわれの日常をもう一度反省し、見直すところから出発するのでなければならない。

第7章　誰でも仏になれるのか？

†如来蔵・仏性の原理

大乗仏教に関して、もうひとつ考えておかなければならないことがある。それは如来《にょらい》蔵《ぞう》・仏性《ぶっしょう》の思想である。それは菩薩や〈空〉のように、大乗仏教のはじめからあった原理ではなく、チベットの正統派では認めていない。その点で大乗仏教でも必ずしも普遍的なものではないが、東アジアの仏教には多大な影響を与えた。それゆえ、菩薩や〈空〉と切り離して、ここで取り上げることにしたい。

如来蔵・仏性思想の成立や理論的な位置づけに関して立ち入ることは略すが、簡単にいってしまえば、仏になることのできる可能性である（本書では以下、東アジアの仏教を主として考えるので、「ブッダ」でなく、「仏」という言い方に変える）。誰でも仏になることができる原理、すなわち仏としての本性を持っているというのが如来蔵・仏性の原理である。如来蔵と仏性では多少ニュアンスの相違があるが、基本的には同じと考えてよい。東アジアでは『大般涅槃経《だいはつねはんぎょう》』に出る「一切衆生悉有仏性《いっさいしゅじょうしつうぶっしょう》」（一切衆生に悉《ことごと》く仏性あり）という言葉が人口に膾炙《かいしや》する。また、如来蔵思想は『大乗起信論《だいじようきしんろん》』という論書を通して普及した。

大乗の菩薩思想は仏をわれわれと無関係の存在としてとらえることを否定し、誰でも菩薩として修行を積み、仏になることのできる可能性を認めた。それをさらに内在的な原理としたものが如来蔵・仏性である。別にそのような原理を立てなくても、大乗仏教の原則からして、菩薩として修行を積めば仏になれるのであるが、それを改めて内在的な原理として確認したのが如来蔵・仏性説である。

では、その原理を立てることで、何が変わるのであろうか。ひと言でいえば、仏になること（成仏《じようぶつ》）が非常に身近になるのである。菩薩の修行は三阿僧祇劫というほとんど無限に近い長い時間がかかるとされる。気の遠くなりそうな話である。その間、どんな苦しいことがあるかもしれず、挫折して諦めてしまうかもしれない。それではあまりに不安である。しかし、仏の本性がわれわれのうちに内在しているならば、ずっと話は簡単になる。どれほど挫折しても本性そのものがなくなるわけではないから、気が楽である。

如来蔵・仏性説によれば、心は本来清浄なものであり、それが煩悩に覆われているだけだという。だから、煩悩の曇りを拭《ぬぐ》い去っていけば、次第に清浄な本性が姿を現すことになる。今の自分が持っていない何か新しい資格を獲得するわけでなく、自分の中にある仏の本性を現実のものとして現し出していけばよいという非常に楽観的な発想にもとづいている。しかし、あまりに楽観的すぎないか、というところが気になる。

†五性各別説の実践性

悉有仏性説と対立するものに、唯識法相宗《ゆいしきほっそうしゅう》で立てる五性各別《ごしょうかくべつ》説があり、中国・日本で両者の間で大きな論争となった。五性各別説というのは、必ずしもすべての人に仏になる可能性があるわけではなく、先天的に将来の可能性が決まっているというものである。五性というのは、小乗の声聞《しょうもん》（仏の教えによって悟るもの）になる本性を持つもの（声聞定性《じょうしょう》）、小乗の縁覚《えんがく》（真理を機縁として自ら悟るもの）となる本性を持つもの（縁覚定性）、大乗の菩薩となり、いずれ仏になる本性を持つもの（菩薩定性）、いずれになるとも決まっていないもの（不定性《ふじょうしょう》）、いずれになる可能性もないもの（無性《むしょう》）の五つである。これはかなり厳しい説であり、とりわけ無性の者は将来の可能性は一切ないと見放されることになる。

このような決定論に立てば、いくら修行しても無意味であるかもしれないことになり、それでは努力のしがいがなさそうである。可能性が定まっているのならば、いまさら教えを説いても仕方ないではないか、ということにもなりそうである。しかし、自分が五性のうちのいずれに属するかは誰にもわからないのであるから、とりあえずは可能性を信じて努力してみるしかない。また、人々の中には、不定性の人もいるのであるから、そのような人を菩薩の道に引き上げることも必要である。

このようなわけで、五性各別の決定論に立つから実践がなくなるわけではなく、むしろ悉有仏性説以上の菩薩の実践が要請される。日本で法相宗が全盛だったのは、奈良時代の終わりから平安時代へかけてであるが、行基《ぎょうき》のような社会的な実践家が現れ、行基菩薩と称されるほど人々のために尽くした。

同じように法相宗で菩薩と呼ばれた人に徳一《とくいつ》がいる。徳一は会津地方を中心に教化活動を行なう一方、悉有仏性説に立つ最澄《さいちょう》と激しい論争を行なったことでも知られる。また、空海《くうかい》の真言密教をも批判して、『真言宗未決文《しんごんしゅうみけつもん》』を著したが、その中で、密教の即身成仏説は慈悲を欠いていると批判したことは注目される。自分の成仏を求めるばかりで、他者の救済をおろそかにするというのである。

即身成仏の立場からすれば、早く仏になって、それから仏の力で人々を救うことになるが、法相宗の立場からは、仏になるなどというのは先の話であり、あくまで今は菩薩として衆生救済の行を行なうべきだと主張する。すなわち、即身成仏説も含めて、仏性説に立つ成仏論が、利他の実践を成仏して以後の問題として先送りするのに対して、法相宗の立場では、今すぐ実践すべき切実な問題とするのである。その点で、法相宗の立場は、ただちに超・倫理に向かわずに、倫理の立場を生かそうとするものである。

鎌倉時代になると、法相宗は必ずしも五性各別説をとらなくなるが、それでも、いわゆる新仏教が社会的実践を軽視するのに対して、法相宗の理論にもとづく叡尊《えいそん》らが、社会救済事業に尽くしたことはよく知られている。親鸞に従えば、利他行は還相《げんそう》（悟りの世界から現世に立ち戻る状態）において成り立つのに対して、この場合も法相系統では往相《おうそう》（悟りに向かう修行の段階）で実践されなければならない。それだけ主体的な実践が重視されることになる。いったん悟りの世界にいたった後であれば、仏の全能性を得るので、自由自在に利他の実践ができる（少なくとも原理的にはそのはず）のに対し、菩薩としての実践は自己責任のもとに主体的な努力を必要とするからである。

†仏性の平等が現実の不平等を隠蔽する

このような五性各別説は東アジアで必ずしも大きな勢力となることができず、悉有仏性説がほとんど全仏教に共通する前提となった。誰もが仏の本性を持っているということは、宗教的能力に関しては、誰もが同じ資格を持っていることである。人種民族、ジェンダー、貧富、社会的地位の上下、学識、知能など、どれほど違っても、宗教的能力に関してはまったく同じだということは、確かに驚くべき平等思想である。

現実には悟りの理想状態に向かって先んじて進んでいる人と遅れている人がいるだろうが、それはあくまで程度の問題でしかない。絶対的能力に関しては、善人であれ、極悪人であれ、少しも変わらないことになる。仏性はみな同じであり、大小はない。ちなみに、法然の浄土教では浄土往生に関して、同じような平等性がいわれる。

ところで、ここで注意を要するのは、仏性の平等ということは、現実の不平等を少しも解消しないということである。むしろ現実の不平等を隠蔽《いんぺい》する理論として用いられる可能性も大きい。最終的には同じように成仏するのだから、現世の不平等は我慢しなさい、という論法は容易に成り立つ。仏教が世の中の不平等を解消するのではなく、むしろ多くは不平等を固定化し、補強する論理として用いられたことは、歴史が証明するところである。

ところで、仏性があるのは人間だけでない。「一切衆生」といえば、六道を輪廻するすべての存在を指すから、餓鬼や畜生、そして地獄の存在まで、すべてが同じように仏性を持つ。たとえ地獄に堕ちても、それでもなお救済の可能性が開かれていることは、キリスト教などとくらべて仏教の大きな特徴である。それればかりでない。東アジアでは、無情仏性とか草木成仏とかいわれるように、植物やひいては無機物にも仏性を認めることが一般化する。路傍に咲く一輪の花も仏となるというのは、確かにすばらしいことには違いない。その思想は日本の芸術、芸能などの文化に大きな影響を与えた。

しかし、いったい草木が成仏するとはどういうことであろうか。どうも考えてみるとよくわからない。日本の本覚思想では、自然の草木が芽生え、花咲き、枯れてゆく過程がそのまま成仏の姿だといわれる。それは芸術的な世界では興味深いものではあるが、宗教的な実践という点から見ると問題がある。特別の修行を要しないあるがまま主義に陥ることになり、倫理的な面から見ても具体的な実践論は生まれてこない。

道元《どうげん》は、「悉有仏性」を「悉有は仏性なり」と読み替える。しかもその場合の「仏性」

は単なる可能性ではなく、そのまま仏の悟りの実現態とされるから、この世界の現象をそのまま仏の世界と認めるもので、本覚思想のあるがまま主義と似ている。しかし、あくまで修行の過程においてのみ成り立つとするところが、本覚思想と異なっている。もっとも、道元は倫理観のつよい仏教者であったが、この場合は必ずしも倫理的な問題へと発展していかない。

このように、仏性説は東アジアの仏教の発展に大きな役割を果したが、他方、あまりに楽観的すぎるきらいがあり、安易に振り回すことは危険が大きい。近年批判仏教の運動が起こったとき、とくに主要な批判対象となったのが、如来蔵・仏性思想であった。

有名な禅の公案に趙州無字《じょうしゅうむじ》というのがある。「犬に仏性があるか」と問われた趙州和尚が、「無」と答えたというものである。この「無」は禅の世界で厄介なものであるが、そもそも仏性の有無に関して単純な有仏性を否定して、問題を振り出しに戻したものと見ることもできる。安易な仏性説への寄りかかりへの誡《いまし》めである。

本当に誰にでも仏性があるのか。ヒトラーにも仏性があるのか。ただちにイエスと答えられるほど、ことは簡単ではないであろう。

第8章　社会参加仏教は可能か？

†エンゲージド・ブディズム

ここまで、仏教の基礎概念を歴史的に振り返りながら、その問題点を考えてみた。とりわけ大乗仏教について検討してみると、その根本には、確かに他者救済を徹底して遂行しようという菩薩の理想があり、空や仏性という高度な哲学がある。しかし、それにもかかわらず、というよりもそうした理想や哲学の中にかえって倫理的な原則を曖昧化し、見失わせるもととなるものがあった。

そのことが、〈人間〉の領域の綻《ほころ》びを浮き立たせ、倫理ではわれわれの問題をすべて覆うことができず、倫理から超・倫理へと飛躍しなければならない必然性を示すものとなった。もっとも、だからといって、倫理の問題が無視されてよいわけではない。ここで、積極的に社会倫理的な問題にコミットする仏教について触れておこう。

積極的に社会的な問題に対して仏教の立場から発言し、行動する運動は、東南アジアを中心に広く見られ、欧米でも注目され、研究が進められると同時に、欧米の仏教者や仏教研究者の中にもまた、同じような運動を展開している人たちがいる。その運動はエンゲージド・ブディズム（Engaged Buddhism）と呼ばれるが、日本にはまだ紹介が少なく、あまり知られていない。そもそもエンゲージド・ブディズムに対する定訳がまだない。最近若手の研究者ランジャナ・ムコパディヤーヤによって『日本の社会参加仏教』（東信堂、二〇〇五）が刊行され、そこでは「社会参加仏教」という訳が用いられているが、僕もそれがよいのではないかと考えている。

もともとこの語は、ベトナムのティック・ナット・ハーンが用いたものである。ナット・ハーンはベトナム戦争下のベトナムで反戦運動を指導した僧侶で、そのグループの中には焼身自殺を遂げたティック・クアン・ドックもいる。

エンゲージド・ブディズムのもっとも古典的な名著とされるものに、一九九六年刊のクリストファー・クイーンとサリー・キング共編『エンゲージド・ブディズム』（Christopher S. Queen and Sallie B. King (ed.), *Engaged Buddhism: Buddhist Liberation Movements in Asia*, State University of New York Press, 1996）があるが、そこに取り上げられているのは、アンベードカルにはじまるインドの新仏教運動、アリヤラトネらのスリランカの運動、タイのブッタタート比丘らの運動、同じくタイのスラック・シワラックの活動、チベットのダライ・ラマの運動、ベトナムのティック・ナット・ハーンらの運動などである。

その中で、日本のエンゲージド・ブディズムとして取り上げられているのは創価《そうか》学会《がっかい》である。確かに日本で積極的な社会活動を展開してきたのは、新宗教、あるいはそれに近い教団に多く、既成仏教教団の運動ははるかに遅れている。先のムコパディヤーヤの本でも、主として立正佼成会《りっしょうこうせいかい》などの新宗教系の教団が取り上げられている。

なお、中国では近代になって太虚《たいこ》やその弟子の印順《いんじゅん》らが「人間仏教」ということをとなえた。「人間」というのは世俗社会のことで、本書で用いる〈人間〉の概念に近い。したがって、人間仏教というのは、僧院に閉じこもらずに社会的な実践を重んじる仏教である。その影響は中国本土と台湾の両方に及んでおり、中国本土では社会主義社会の建設に積極的に協力することになり、台湾では仏光山《ぶっこうさん》や慈済《じさい》教団などが弱者救済などの社会参加を積極的に打ち出している。それにくらべても、日本の仏教の大規模な社会的活動は非常に乏しいといわなければならない。

†日本における仏教者の社会実践

なお、阿満利麿《あまとしまろ》『社会をつくる仏教』(人文書院、二〇〇三)もまた、この書名はエンゲージド・ブディズムの訳で、実際「エンゲイジド・ブッディズム」と副題を付している。本書は日本ではまだ十分に知られていないこの運動を紹介しながら、明治期の清沢満之や高木顕明《たかぎけんみょう》などの浄土真宗の運動を日本のエンゲージド・ブッディズムとして取り上げている。

高木については、確かに社会参加仏教の萌芽と認められるところがあり、以下で考えてみたい。しかし、清沢については、宗門改革運動や宗門教育改革、そして浩々洞《こうこうどう》での弟子たちとの信仰共同生活など、宗門内での積極的な活動がなされているが、その本領はむしろ、世俗倫理を超えたところに宗教を位置づけて、国家主義的道徳に縛られない精神の自由を確立したところにあるのではないかと、僕は考えている。

もちろん、日本でも積極的に社会的問題に関わろうとした仏教者たちは少なくない。境《さかい》野《の》黄洋《こうよう》らの新仏教徒同志会、伊藤証真《いとうしょうしん》の無我愛運動、西田《にしだ》天香《てんこう》の一灯園《いっとうえん》、妹尾義郎《せのおぎろう》の新興仏青運動、戦後の藤井《ふじい》日達《にったつ》らの平和運動など、社会的な問題意識や実践活動がさまざまに繰り広げられてきており、決してその方面が少ないというわけではない。今日でも、仏教版ホスピスに当たるビハーラ運動や環境保護運動などに仏教者が立ち上がり、また、海外協力事業も行なっている。しかし、それにもかかわらず全体として活発という印象が残らない。それはなぜであろうか。

それにはいろいろ理由が考えられる。ひとつには、葬式仏教という側面があまりに社会に定着しすぎているため、その他の活動が見えにくくなっているという事情を考慮しなければならない。「葬式仏教」というと否定的なニュアンスをこめていわれることが多い。しかし、もちろんそこに安住することは論外であるが、だからといって必ずしもすべて否定的にばかり見るべきではないと僕は考える。むしろ地域に根ざした日本型社会参加仏教の原点はそこに求めなければならないといってもよい。

葬式仏教の問題は次章に取り上げるので、ここではもう少し別の理由を見ておこう。それは、近代の多くの仏教運動が、結局国家主義、天皇主義の中でその芽を摘みとられ、あるいはその中に吸い上げられて、すっかり批判的精神を失ってしまい、それがそのまま戦後に持ち込まれて立ち上がるきっかけを失ってしまったのではないか、というきわめて深刻な側面である。この問題は長く底流にありながら、公式主義的な批判以上には、なかなか十分に議論されることがなかった。

たとえば、戦前もっとも積極的な活動を展開し、社会参加仏教の典型ともいうべき運動のひとつに田中智学《たなかちがく》の国柱会がある。智学は、もともとは『仏教夫婦論』や「仏教僧侶肉妻論」のように、在家主義や僧侶妻帯論を推し進めていたが、明治末頃から国体論を積極的にとなえ、天皇主義と日蓮主義を二本の柱として戦闘的な折伏《しゃくぶく》活動を展開した。ところが、そのために戦後タブー視され、ごく最近にいたるまで本格的な研究がなされなかった。

また、国立戒壇の設立を目標として、政教一致論を正面から打ち出したが、これも近代の政教分離論に対する正面からの挑戦であった。この思想は戦後には創価学会によって受け継がれ、大きな勢力となったにもかかわらず、やはりまともに論じられることがなかった。「危険な思想」をタブー視して、臭いものに蓋をしてきたといわなければならない。

†高木顕明の草の根的な活動

他方、明治末の大逆事件に連座した仏教僧の再評価が長く放置されてきたということも忘れてはならない。大逆事件は、明治四十三年（一九一〇）に天皇暗殺計画を謀ったという容疑で幸徳秋水《こうとくしゅうすい》ら無政府主義者、社会主義者たちが大挙して捕らえられ、翌年、幸徳ら二十四名が死刑判決を受け、十二名が処刑され、十二名が無期懲役に減刑された事件である。その処刑された中に曹洞宗《そうとうしゅう》の内山愚《うちやまぐ》童《どう》がおり、無期懲役に減刑された中に浄土真宗大《おお》谷派《たには》の高木顕明、臨済宗妙心寺派《りんざいしゅうみょうしんじは》の峯尾節堂《みねおせつどう》がいる。

彼らは判決が決定するとただちにそれぞれの宗派から擯斥《ひんせき》（除名）された。真相が国民に明らかにされない当時にあっては、やむをえないことではあるが、それにしても、それぞれの宗派が慌てて宗門寺院に諭達を発してこのような畏れ多いことがないようにと諭し、宗派によっては宮内庁などにおうかがいを立てたり、陳謝したりしたのは、いかにも宗派の保身を図った様子が露骨である。戦後、彼らの冤罪《えんざい》が明らかになっても、長い間その復権は放置され、三人の処分が取り消されたのはじつに一九九〇年代になってからであった。

阿満利麿がその著作で取り上げている高木顕明は、和歌山県新宮《しんぐう》を中心に活動し、そこで浄泉寺の住職となった。高木は、地元で被差別部落の解放や、公娼制度反対運動などに活躍し、日露戦争のときには非戦をとなえて、仏教界に広く行なわれていた主戦論を批判した。そうした思想から、新宮の社会主義者大石誠之助《おおいしせいのすけ》のグループに加わり、幸徳秋水らとも交流を持つようになった。

高木の思想は「余が社会主義」という短い文章に明快に述べられている。そこでは、「余は社会主義は政治より宗教に関係が深いと考へる」とあくまで宗教の立場に立つことを明確にして、既成の理論に一切拠《よ》らずに、自らの信仰にもとづいてその実践思想を生み出そうとしている。高木はそこから、南無阿弥陀仏の平等性を訴え、極楽は社会主義の実現した理想世界であると主張し、また、阿弥陀仏の信仰のどこからも戦争を認める思想は出てこないとしている。今日から見れば、ほとんど奇異なところのないまっとうな思想であるが、それが萌芽のうちに抹殺され、長い間忘却されていたことは恐ろしいことである。

高木が注目されるのは、あくまで寺院住職としての現場に生き、現場で活動したことである。被差別部落の問題と取り組んだのも、浄泉寺の檀家に多くの被差別部落の人がいて、実際の日常的な活動の中から生まれてきた問題だったからである。借り物の空疎な思想ではなく、自らの信仰と徹底した草の根的な実践に拠って立とうというその姿勢には、今日学ぶべきところが少なくない。地球規模の大きな問題を考えることも必要だが、もっと重要なのは、自分の生きている場を離れない、地に足の着いた思想ではないだろうか。

第9章　葬式仏教は悪いか？

†日本独自の仏教の形態

今日多くの平均的日本人にとっていちばんふつうの仏教寺院との関係は、通常葬式や法要を通してであろう。寺院はそれ以外ではあまり日常生活とは関係ない。そのような仏教の形態は、しばしば軽蔑的なニュアンスをこめて、「葬式仏教」と呼ばれる。「葬式仏教」は概して評判がよくない。戒名料をはじめ、ちょっとお経を読んでもらうだけで、お布施を包まなければならない。それもいくらと明示して領収書を出してくれるのならば明瞭だが、「お志でけっこうです」といいながら、額が少ないと、露骨にいやな顔をして、「信心が足りない」などと厭味《いやみ》をいう。それも尊大ぶって、偉そうにふんぞり返って、まったく感じが悪い、等々、どこに行ってもおかしいほど同じようなお寺の悪口が聞かれる。インド以来の深遠な（？）仏教哲学はどうなってしまったのだろうか。

僕は寺院とはまったく関係ないが、職業柄仏教を専攻していると、否応なく寺院関係者と交流する機会が多い。そうしてみると、寺院の僧侶もけっこう大変な仕事で、悪口ばかりも言っていられない。大きな教団組織というのは独特のルールや習慣が複雑で、一般社会の常識が通用しないようなところがある。他方で檀家との応対に当たらなければならないのであるから、良心的にしようとすればするだけ、悩みも大きいようだ。寺院子弟が跡継ぎをいやがるというのも無理のないところがある。僕などもとうてい務められそうもなく、寺院に生まれていたら、おそらく逃げ出していたことだろう。

今日、中国などに行くと大きな寺院は企業といってもいいほどの多角的な事業を行なっている。とりわけ台湾の寺院の活動は活発で大規模である。台湾系の仏教教団の活動は、日本でいえば新宗教に近いものがあり、指導者のカリスマ性によって、その周囲に集まる信者さんたちが活動の輪を広げていくという形態になっている。

それに対して、日本の仏教の場合はどうかというと、日本では一家族単位の小寺院が都会や村落の各処にあり、それぞれ地域に根ざした活動をしているところに特徴がある。だから、寺院住職は地域に根ざした一種の職業人であり、その点では他の職業と差別はない。だかえってそのことがあまりに当たり前になりすぎたために、それ以外の形態を考えにくくなってしまった。しかし、当然のことながら、これは他の地域の仏教には見られないもので、日本だけの特徴である。

この日本独自の仏教の形態は、おそらく二つの要素に分けて考えることができるだろう。第一に、葬式仏教の中核をなすもので、葬儀と死者の法要という社会的機能を軸とした仏教のあり方である。第二は、僧侶が妻帯し、それによって寺院が血縁によって相続されていくという形態である。

†葬式仏教の可能性

まず第一の面について考えてみよう。死者の法要に仏教が関与することは仏教伝来以来早い段階から見られるものであり、日本にいたるまでの各地の仏教にも等しく見られるものであるが、仏教の機能がそれを主とするようになったのは、日本のみの現象であり、それも江戸時代にまで下る。すでに室町時代の禅僧の語録には葬儀や法要での法語が多く含まれており、次第に葬式仏教化しつつある様子が知られるが、江戸時代になると、いわゆる寺檀《じだん》制度が確立する。

寺檀制度はもともとはキリシタン禁制のもとで、住民がキリシタンでないことを証明するために、宗門人別帳《しゅうもんにんべつちょう》を作成し、それが同時に戸籍の役割を果たしたものであった。このように寺檀制度は寺院を江戸幕府の末端の行政機構として使おうというもので、実際その機能を有効に果たすとともに、それが仏教寺院の存在根拠となったのである。その中で、生者のみならず、寺院が墓地を維持し、死者の戸籍ともいうべき過去帳を管理することによって、死者との接点という役割をも果たすようになった。そして、寺院の活動は、次第に葬儀と死後の法要を中心とする葬式仏教に依存するようになっていった。

寺檀制度は江戸幕府の政策によって強引に課せられたものであるから、幕府が倒れ、寺院の活動が自由になれば、解体してしまいそうだが、そうはならず、明治以後も檀家制度は残り、法要を中心とする葬式仏教は生き残った。したがって、檀家制度にもとづく葬式仏教は江戸時代の政治的強制によるものだという言い訳は通用せず、むしろ寺院と檀家の利害が一致することによって存続してきたものである。

実際、葬祭儀礼が仏教に任されている限り、仏教の力は弱くならないと見た神道家たちは、神葬祭運動を興し、神道式の葬儀や法要を普及させようとしたが、結局一部に採用されたのみで、大勢を動かすにはいたらなかった。葬式仏教はそれほど強固に日本に定着していたのである。

もちろん、だからといって、今日まで続いてきた葬式仏教が、今後も同じように存続していくとは限らない。これまでの葬式仏教は、檀家制度以来のイエの制度と密接に結びついて、その力を温存してきた。しかし、イエの強制力が急速に弱まり、個人の意識が強くなると、檀家制度そのものの維持が困難になる。葬儀や墓はもはや画一化された形態ではなく、個人によってさまざまな選択が可能となってくる。それは従来型の仏教に少なからぬ影響を及ぼすことになることは間違いない。

そうではあるが、だからといって、ただちに葬式仏教を悪いものと決めつけ、それを排除しなければ本来の仏教はありえないという論もまた不適切であろう。仏教学の成果によってインドの仏教の原典が知られるようになると、その立場から日本の仏教を批判し、とりわけ葬式仏教を否定したり、あくまでそれは方便であって、本来の仏教ではない、と考えがちである。しかし、そのような葬式仏教否定論や卑下論は、一見明快ではあるが、日本の仏教者が築き上げてきた独自の仏教の形態を、十分な検討もなしに廃棄してしまうもので、あまりに単純すぎる。

もちろん今のままの葬式仏教でよいわけではないし、また葬式仏教以外の仏教の可能性を広げてゆくことは不可欠である。しかし、長い歴史を持ち、定着してきた葬式仏教にどのような意味があるのか、それをきちんと検討せずに、簡単に廃棄したり、軽視したりするのは適当でない。死者と関わるということ、それは単純な生者の倫理を超えた新たな世界を開くものである。そのことはこれから本書の中で論じてゆくことになるだろう。

†肉食妻帯の許可が僧侶を世俗化した

日本仏教の第二の特徴は、僧侶が妻帯し、家庭を持っていることである。そこから、寺院はしばしば個人の財産のように実子に相続されてゆく。

このような形態が公認されたのは、葬式仏教よりも遅く、明治になってからである。明治五年（一八七二）に政府の命令で僧侶の肉食妻帯《にくじきさいたい》が許可された。それまでも浄土真宗の僧に限って、開祖親鸞に倣って妻帯が許可されていた。それ以外の宗派は、建前上は戒律を守り、女犯《にょぼん》が禁止されていたが、実際には多く妻帯していたり、少なくとも女性と関係を持っていた。それゆえ、明治五年の妻帯許可は、仏教界にほとんど抵抗なく受け入れられたが、じつは制度上、妻帯が許可されるということは、仏教の社会的な位置を考えるうえで、きわめて大きな意味を持つことであった。

それはどういうことかというと、肉食妻帯することにより、僧侶は一般の国民と法制上まったく変わらない存在となるからである。確かに江戸時代にも、僧侶はかなり世俗化した生活をしている場合が多かった。しかし、僧侶は士農工商の身分の外の存在であり、寺院や僧侶に関することは寺社奉行の扱いであって、一般の世俗の人とは異なる存在とされていた。ところが、妻帯許可により、僧の特殊性はまったく法的に考慮されなくなり、世俗の職業と同等に扱われるようになったのである。

明治五年というと、政府は教部省《きょうぶしょう》を設置し、それまでの神祇官《じんぎかん》・神祇省《じんぎしょう》時代の神道国教化策を変更し、教導職を設置して、仏教をも取り込んだ新たな国家宗教政策を取りつつあった時代である。僧侶の肉食妻帯は、このような時代の推移の中で、仏教を国家政策の中に取り込む過程で生まれたものである。僧侶は世俗の外に立ち、人々を救済するのではなく、国家の教導政策の一端を担う存在として、国家に奉仕することを義務づけられたのである。明治初年には、福田行誡《ふくだぎょうかい》らによる戒律復興運動が起こり、厳しい戒律の遵守による仏教の再生を図ろうとする動きがあったにもかかわらず、肉食妻帯許可となると、この戒律復興運動はほとんど顧みられることなく捨て去られたのである。

教部省の宗教政策は、やがて大教院《だいきょういん》設置による仏教の骨抜き的な懐柔策が浄土真宗の反発を招き、失敗に終わるが、僧侶の肉食妻帯はもはやもとに戻ることはなかった。僧侶は法的にも完全に世俗化し、日本の仏教は「世俗仏教」ともいうべき他に例のない特殊な形態を展開することになるのである。聖職者の結婚を禁じたカトリックに対して、牧師の妻帯が認められているプロテスタント型の宗教への転換ともいうことができよう。

このことは、仏教者の倫理にも大きな影響を与えないわけにはいかなかった。戒律を遵守し、世俗を超えた聖なる世界に立ち、そこから世俗の人々に救済の手を差し伸べるという他地域の仏教僧侶たちの基本的な役割は、ここではもはや通用しない。むしろ在家者と同じレベルで世俗の生活をし、世俗の悩みを悩み、世俗の喜びを喜びとしながら、社会の中の仏教を考えていかなければならなくなったのである。近代の仏教思想のかなりの部分が在家者に担われ、それが僧侶の世界にも影響していったのは、このような背景による。

だが、にもかかわらず仏教の問題は完全に世俗に埋没しえないものを持っている。世俗だけで解決のつかない何かを求めて、人は宗教へと向かう。それはいったい何なのか。世俗の倫理を超えたところに本当の問題が始まる。

Ⅱ 〈人間〉から他者へ

第10章　倫理の根拠としての〈人間〉

†倫理をどう基礎づけるか

これまで、仏教という枠の中で倫理の問題がどのようにとらえられるかを検討してきた。確かに原始仏教においては倫理が成り立ち、また、今日、社会参加仏教のような形態もありうる。しかし、大乗仏教の原理には倫理そのものを曖昧化するところがあり、倫理では解決できない超・倫理の問題が提示された。倫理の枠から外れたとき、立ち現れるのが他者である。他者にどう対処するかということこそ、超・倫理の大きな課題となる。それゆえ、ここから先は仏教の伝統を念頭に置きながらも、それにとらわれず、もう少し一般的な立場から、倫理とその限界について考え、倫理を超えた超・倫理がどのように成り立つのか、考えてみたい。

たとえば、「人を殺してはいけない」という原則を考えてみよう。それが普遍的に妥当するかというと、必ずしもそうは思わないが、ともかく広く認められた法や倫理のひとつの根本原則だ。ここで問題にしたいのは、それがどのような根拠にもとづいて主張されるかということだ。いちばん有名なのはモーセの十戒《じっかい》に出るものだが、これは神から与えられたもので、有無をいわさない。もっとも旧約学の研究によると、単純に神から与えられたということが根拠になっているともいえないようだが、その議論はさておく。

仏教でも五戒の第一に挙げられる。もっともインドの発想では、殺してはいけない対象は人間に限らず、動物も含まれる。輪廻の原理によって、人間が動物に生まれるかもしれないから、人間と他の動物とは同格になる。初期仏教の時代から、安居《あんご》といって雨季には一箇所に定住して修行することになっていたが、これは気候が悪くて移動しにくいという理由ではなく、水溜りに生まれたぼうふらなどの小動物を踏み殺す恐れが大きいからである。これが極端になると、息をしても微生物を吸い込むからいけない、ということになってしまい、厳格なジャイナ教のように餓死するのが理想とされることにもなる。

それにしても、なぜ不殺生戒を守らなければいけないのか。在家者と出家者とでは事情が異なる。出家者の場合、戒《かい》・定《じょう》・慧《え》の三学といわれるように、戒の遵守は修行の第一歩である。生活規律を守ることによって、精神集中へと向かうというのである。

在家者にとって、戒を守る善行は、天に生ずるなどのよい結果を招く。善因楽果、悪因苦果といわれ、善いことをすれば自分が幸福になり、悪いことをすれば自分が不幸になる。因果応報の原則は、世界のどの地域にも見られるものであるが、現世で考える限り、必ずしもその原則は貫徹できない。善いことをした人が不幸な生涯を送ることもあれば、悪いことばかりしても幸福な一生を終える人もいる。それを解決するには来世を考えなければならない。それゆえ、輪廻を考えるのは非常に合理的だ。キリスト教的な最後の審判もひとつの解決法だが、一回限りというところが輪廻と異なる。

その他、倫理道徳を基礎づける理論はさまざまあるが、大きく分ければ、何らかのよい結果を招くから、という因果論的な説明によるか、または結果を考慮せずに人は善を行なう必然性があるとするか、基本的にはそのどちらかである。

後者は、見返りを求めず、人間は必然的に内から出てくる心情として善への志向を持つというもので、キリスト教的な隣人愛もそのひとつであろう。カントがアプリオリ（先天的）な道徳律を説くのもその一種である。中国では『孟子《もうし》』の性善説が典型であり、『荀子《じゅんし》』が性悪説に立って、外在的な規律の必要を説いたのと対立した。前者はいわば利益誘導的な考え方で、因果応報的な発想がそうであるが、それを現世レベルで考えると、いわゆる功利主義になる。善を行なうから幸福になるというのを転換して、幸福に導くのが善だというのであり、それも個人だけでなく、社会的な共同の利益を追求することになる。それが「最大多数の最大幸福」の原理である。

†和辻哲郎の「人間の学としての倫理学」

ここではこうした道徳理論をいろいろとあげつらうことはやめて、それらの理論とまったく違う次元から、日本の倫理学者和辻哲郎《わつじてつろう》が主張した興味深い説に耳を傾けてみたい。

西欧の倫理哲学では基本的に個人を孤立的にとらえ、個々ばらばらに自立した個人の集まりが社会になると考える。「最大多数の最大幸福」という原理にしても、個人の利益を追求していると、互いに喧嘩になるから、そこで調整が必要だというので、あくまで個人がベースである。

それに対して和辻は、人間ははじめから社会の中に放り込まれていると主張する。そもそも〈人間〉という言葉は「人の間」と書くではないか。つまり、人間というのは、最初から「人の間」に生まれつくのであり、孤立した人間などフィクションにすぎず、現実にありえない。〈人間〉とは「人の間」的な存在であり、相互に何らかの関係を持った間柄的な存在である。

もともと中国では〈人間〉という言葉は人の住む世の中、世間などの意味で、日本語でいう個人としての人間の意味はない。和辻は〈人間〉という言葉の二重性をうまく利用したわけだ。和辻は自らの倫理学の原理を「人間の学としての倫理学」と名づけた。そしてこの原理に立って、小は家族から大は国家まで、「人の間」のさまざまな形態を論じてゆく。つまり、倫理というのは、何か特別の原理に従って「かくあるべし」というのではなく、「人の間」的存在である人間がおのずから従う行動のパターンであり、「人の間」が成り立つためのルールだということができよう。

共同体を重視する発想は柳田国男《やなぎたくにお》に由来する日本の民俗学にもある。日本民俗学では農耕村落を理念視して、その中での風俗習慣を研究する。それをただちに「日本的」と呼ぶことは危険であるが、和辻にしても柳田にしても、日本の農耕社会をモデルとして人間のあり方を考えようとしていたということができる。戦前には、国家さえもしばしば家族や村落共同体の延長上にとらえられた。

今日、かつてのような共同体がそのまま生きているわけではない。それゆえ、和辻の体系がそのまま通用するわけではない。しかし、〈人間〉が「人の間」的な存在であることはそのまま認めてよいのではないだろうか。赤ん坊は生まれたときから親との関係、あるいは親以外をも含めた社会の中で成長するのであり、ひとりで勝手に大きくなるわけでない。そして、そこには当然「人の間」が成り立つためのルールがある。子供の成長とは、単なる身体的に大きくなることではなく、このルールを身につけてゆくことだ。この考え方のよいところは、神とか輪廻とか、「人の間」を超えた超越的なものを排除して倫理を考えてゆくことができることだ。本書ですでにしばしば用いてきた〈人間〉の領域の倫理とは、このようなことである。

†倫理とは「人の間」のルールである

「人の間」にはさまざまな形態が考えられる。家族関係でも親子、夫婦、嫁姑などいろいろあり、友人、師弟、会社の上司と部下、同僚、取引先の人、さらには、満員電車で押し合う同士の間にも「人の間」が成り立つ。そういう具体的な接触だけでなくて、政治的・経済的な活動を通じて、極端にいえば、地球上のすべての人との間に何らかの間柄が形成されている。それぞれの「人の間」の間柄に従ってルールは異なり、複雑に絡み合う。

そのルールを明文化すると法律になる。また、政治・経済のシステムのように複雑に制度化されるものもある。他方、ルールのもっとも周辺のところには、習俗のように、共同体の間で何となく了解されているようなものも含まれるし、親子や恋人同士でしか通用しないような小さなルールもある。絶対守らなければならないルールもあれば、無理に守らなくてもいい軽いルールもある。恋人同士で別れ際にキスすることがルールになっていれば、もしそうしなかったら二人の間には何かふつうでないことがあったということになる。

もちろん倫理を簡単にルールという言葉に置き換えることはいささか強引すぎるかもしれない。ルールの典型的なものはスポーツの規則だが、たとえば野球のルールを守るというのと、チームが勝つために責任を持って闘うというのとはまったく違う。たとえチャンスに好球を見逃して三振してもルール上は問題ないが、倫理的には（というほど大げさでないかもしれないが）責められることになる。しかし、ルールということを広くとらえれば、自分のチームが勝つために最大限の努力をする、ということも野球が成り立つためのルールの一部と考えることができる。意図的に自分のチームが負けるようなエラーをするとしたら、ゲームそのものが成り立たなくなり、その人をチームメンバーとして認めることができないであろう。

「人を殺してはいけない」というのも、このような「人の間」のルールのひとつと考えることができる。だから、そのルールが通用する場でのみ成り立つのであり、あらゆる場面において正当化される普遍的な原理ではない。たとえば、戦場においてはそのルールは成り立たない。そのルールが成り立つ場は、平和な市民社会であり、自分の生命の危険が脅かされていないことが条件になる。アメリカのような銃器社会では、自分の身を守るために市民が銃器を持ち、生命の危険を脅かす相手に対しては発砲することも認められるし、そうするのが当然とされるのである。それゆえ、普遍的な倫理は存在しない。倫理はすべて状況に応じて成り立つものだ。状況を離れて単独で存在する人はありえない。

それに対して、もちろん一切の状況を無視して、正しいことは正しいのだと主張する人もいるであろう。実際、今の世界は相互に正しいと主張するもの同士が闘うという悲劇がいたるところで起こっている。しかし、そのどちらが本当に正しいかを誰が決められるのであろうか。結局、何の客観的根拠もない信念というにすぎないことになってしまうであろう。状況無視の倫理は破綻《はたん》せざるをえない。

第11章 〈人間〉を逸脱する

†「人の間」のルールは言葉で説明できる

「人の間」としての〈人間〉は、相互に「間柄」として存在する。そして、「間柄」としての〈人間〉を成り立たせているのは、ルールである。生物的な親子関係が、それだけで〈人間〉としての親子関係を成り立たせるわけではない。親が育児を放棄しても、生物的な意味での親子関係がなくなるわけではないが、そこには〈人間〉としての親子関係は成り立たなくなる。育児は親が子供に対してとる〈人間〉としてのルールである（少なくともかなり多くの社会においては）。

そのように比較的はっきりとした関係だけでなく、たとえば、行きずりの人同士の間でさえも、ルールがある。見知らぬ人の間でも「こんにちは」と声をかけあうことのできる状況もあるが、大都会で見知らぬ人が「こんにちは」と声をかけてきたら、かえって緊張するであろう。

倫理を「人の間」のルールと考えるとき、その特徴として、ルールは言葉で説明できるものだ、ということを挙げることができる。もちろんルールはすべて現実に言語化されているわけではなく、暗黙の了解というのも多い。しかし、たとえそうであっても、それを言葉にして明文化できるのでなければならない。そうでなければ、どの行為がルールに従ったもので、どの行為が逸脱か、判断できなくなってしまう。「話せばわかる」というのが、ルールに従った社会の原則だ。

言語として直接表現されていなくても、たとえば、恋人同士の別れ際のキスは、二人の関係の良好を意味し、「また今度」という合図だと解される。見知らぬ人同士で「こんにちは」と声をかけるかどうかさえ、それによって相互に無害な関係として了解されるという役割を果たす。こうして、僕たちが生きている社会は言語的に分節化され、有意味化されているということができる。子供がルールを覚えていく過程は、子供が言葉を覚えてゆく過程と一緒だ。

このように、僕たちは言語的に分節化された世界の中で生きていて、その中では人も物も意味づけを与えられている。たとえば、ひとりのサラリーマンを考えてみよう。会社に出れば、営業課の〇〇で、××課長の部下というはっきりした位置が与えられていて、どう行動すればよいかというルールが決まっている。家に帰れば、妻の夫であり、子供たちの親である。家に帰ったからといって、くつろいでばかりもいられない。

†「人の間」のルールは一定不変ではない

こうして〈人間〉の領域は網の目のように、相互に「間柄」が定められ、いかに振る舞うべきかのルールが決められている。けれども、それにもかかわらず、〈人間〉の領域は完全で遺漏がないかというと、どうもそうでもなさそうだ。確かに日本は長い間、農耕社会として比較的安定していて、変化が少なかった。村落はある程度閉じた構造をなしていた。そのような社会では、相互の「間柄」は変化しにくいから、ルールが割合はっきり決められる。

けれども、完全に時間を超越して閉鎖された社会など、まったく抽象的で、現実にはありえない。定着的な村落に対して、早い時期から都市は流動的な場であった。そこでは、村落内で通用した「間柄」が通用しなくなる。江戸時代は人口の流動を政治的に抑えることで、社会の変動を少なくしようとしたが、貨幣経済はどんどん進展して、従来の「間柄」を壊していった。弱肉強食の経済的な力関係で、「間柄」のルールは変容していく。だが、社会が変化すると、また新しいルールが作られる。ルールは必ずしも一定不変ではない。時代によってルールはどんどん変わってゆく。

もっとも近年の急速な社会の変化には、さすがにルールのほうがついていかなくなったようだ。大は地球規模の環境危機や生命操作のような科学上の問題から、もっと身近な家庭のレベルまで、いったいどういうルールが成り立つのかわからなくなってきた。「人の間」にどのような「間柄」が成り立つのか、曖昧になってくる。しかも、社会がグローバル化すると、価値観の異なるグループ同士が正面から衝突するし、社会が複雑化して、ひとりの人がいくつもの異なる価値観を重層的に引き受けなければならないような場合も少なくない。こうして、比較的単純な社会をモデルとして成り立つ「人の間」としての〈人間〉ではとても収まりきれない事態にいたる。

そもそも「人の間」は、相互にその「間柄」を認めあい、ルールを認めあうところに成り立つ。前章に引いた野球のルールで考えてみると、三振したらアウトだということを皆が認めなければ試合はできない。自分は絶対ヒットを打つまで打席を離れない、と頑張ったら、ゲームが進まない。その人はゲームから排除されることになる。ゲームならば、成り立たなくなっても、あるいは排除されてもまあ仕方がない、ということがあるかもしれないが、社会の問題になれば、これはけっこう深刻だ。たとえば、多くの市民社会で通用している「人を殺してはいけない」というルールでも、そんなルールは認めない、あるいは、罰せられてもかまわない、という人がいれば、その人にはルールは通用しない。テロリストに対してルールがどこまで通用するのか。超大国が無理やり戦争を仕掛けようとしたら、どうやって止めうるのか。そう考えると、「人の間」はずいぶん危ういものだ。

だが、そうであるにもかかわらず、別の面から考えると、「人の間」はそれほど簡単に崩れてしまうわけでもない。少数の人が「人を殺してはいけない」というルールに異議をとなえたり、そのルールを侵犯しても、それでもよほどのことがない限り、やはりルールは存続し、その綻びを繕ってゆく。言葉によって相互に役割を確定してゆけば、そこに新しい「間柄」ができあがる。戦乱の後で、震災の後で、決して無秩序になることなく、人々は新しい「間柄」を作り上げ、ルールを作ってきた。言葉がある限り、そこには公共の空間が開かれ、議論し、調整しあうことが可能だ。

†語りえないものはあるのか

僕たちの世界は、隅々まで言葉によって意味づけを与えられ、秩序化されている。それはすばらしいことだ。けれども、少々わずらわしいことでもある。たとえば、僕がひとりの部屋で思索にふけるとしよう。その場合でも、言葉を使う限り、その思索は公共の場に開かれている。自分だけのためにひそかに日記をつけても、その言葉は「人の間」の言葉だ。とすれば、本当の孤独というものはあるのだろうか。言葉は僕たちを深く深く侵している。

それでも、公共化できない何か、というのはあるのだろうか。僕だけのもの、他の人と共有しえない経験——それはつまり、言葉にできない何か、語りえない何か、ということだ。そんなものが本当にあるのだろうか。たとえば、悟りの究極の体験は語りえないという。本当にそうだろうか。

唐突だが、ここで『孟子』に出てくるひとつのエピソードを引いてみよう。斉《せい》に宣王という王がいた。王はあるとき、牛が引かれていくのを見た。どこへ連れて行くのかと家臣に尋ねると、お祭の生贄《いけにえ》にするために連れて行くのだという。いかにもおどおどした牛の様子を見て、王は可哀想に思い、助けてやれ、と命ずる。それならば祭をしなくていいのかというと、そうもいかない。それでは、牛の代わりに羊にしよう、ということになった。ところが、人々は王はケチだから、牛よりも小さな羊にしたのだとうわさした。

それに対して、孟子は言う。「これこそ尊い仁術と申すもの。牛はご覧になったが、羊はまだご覧にならなかったからです。鳥でも獣でも、その生きているのを見ていては、殺されるのはとても見てはおれないし、〔殺されるときの哀しげな〕鳴き声を聞いては、とてもその肉を食べる気にはなれないものです。これが人間の心情です。だから、君子は調理場の近くを自分の居間とはしないのです」（梁恵王上7、岩波文庫・小林勝人訳）。

生き物が殺されるのを見るのはとても忍びないという気持ち、それこそ道徳のはじめだと、孟子はいう。それはそうだが、なんだか偽善的ではないか。目にした牛を殺すのはいやだが、見ない羊ならばいい、というのは、いかにも虫がよすぎる。そんなわけで、どうももっともらしい封建道徳の権化のようで、『孟子』は到底好きになれなかった。

†公共的な言葉では語りえない領域

ところが、フランスの哲学者フランソワ・ジュリアンの『道徳を基礎づける』(中島・志野訳、講談社現代新書、二〇〇二)の冒頭にこの話が引かれているのを読んで、ここにはけっこう重要な問題が秘められているのではないか、と気になってきた。ジュリアンは言う。「王は怖じけづいた一頭を自分の目で見てしまった。その怯えは彼の目の前に不意に出現したので、心の準備をしておくこともできなかったのだ。ところが、もう一方の動物の運命は、彼にとっては観念にすぎなかった。……牛のほうは目の、あ、た、り、にしたために、王は心を動かし、内なる論理が一瞬にして揺さぶられた」(同書、二一―二二頁)。

見なければよかった、ということは僕たちの日常にもしばしばある。でも、すぐに日常が回復できる程度ならばいい。そのときには特別の問題なく「人の間」の秩序に復帰することになる。ところが、もしあまりに衝撃が大きすぎたとき、それは公共の言葉に回収できなくなってしまう。アウシュヴィッツを、ヒロシマを、阪神大震災を、九・一一を、見てしまった不幸。そのとき、人はもはや無邪気に語ることができない。語りえないものが、トラウマとして沈殿する。

そんな大きな世界史的出来事でなくてもいい。僕たちが日常の中で経験する痛み、苦しみ、悲しみ――他の人にとっては何ともないかもしれない出来事が、僕だけには深く突き刺さって、いつまでも尾を引くということもある。それはどうにも説明できるものではない。そこでは、どんな同情も、慰めもきかない。

語りえないものが何かある。とすれば、僕たちは「間柄」的な〈人間〉のレベル、公共的な言葉のレベルに止まっていることができなくなる。〈人間〉の領域を超えたとき、そこに何が見えてくるのか。もはや倫理は成り立たない。倫理に回収されない、超・倫理としての「宗教」の問題へと否応なく入り込んでいかなければならない。

第12章　他者の発見と宗教

†「人の間」のルールを逸脱する問題

〈人間〉の領域ですべて片づけば問題はない。しかし、人は否応なく〈人間〉の領域をはみ出し、ごく当たり前の日常の中においてさえ合理的な思考ではどうにも説明のつかない何かと関わらざるをえないようだ。そこに宗教の問題が始まる。

ここでもう一度倫理ということを復習しておこう。倫理は「人の間」である〈人間〉の領域において成り立つ。人は孤立して存在するわけではなく、またばらばらな個人がまったくの無秩序の状態で集まり、そこで社会契約を結ぶわけでもない。生まれたときから「人の間」にいるのであり、「人の間」で生きていけるように育児教育がなされる。その「人の間」を成り立たせるルールが倫理である。その「人の間」のルールは、メンバーによって共有される言語で表現される。

ある程度閉鎖され安定した社会においては、「人の間」のルールはスムーズにはたらく。しかし、社会が大きく変動したり、また、別のルールを持つ外の社会と関係するようになると、ルールはそれほど明確ではなくなる。そこで、より共通性の高いルールが必要になる。こうして理念としての普遍性を持った公共空間が形成される。言語を使ったさまざまな科学、政治、法律、経済など、すべてその公共空間で成り立つ。

しかし、そうして言語によって表現され、ルールによって規制される「人の間」で、すべての問題が解決するわけではない。その中に入りきらず、そこから逸脱する問題がある。そもそも、そのルール自体がそれほど堅固なものではない。

†理解不能の「他者」に倫理はどう対処できるか

ちょっと極端な例だが、クリプキという哲学者が「クワス」というおかしな数学の演算を考えた。「「xクワスy」は、xとyのどちらもが57より小さい数字であればふつうの「xプラスy」と同じ答えを与え、xかyのいずれかが57以上の数であれば、その答えは5となる」というのである。それによると、「13クワス24」は37だが、「243クワス389」は5になってしまう（野矢茂樹『心と他者』勁草書房、一九九五、一七三頁による）。

小学校の先生が足し算を教えるとき、先生が教えるのは「プラス」であって、「クワス」ではない。けれども、57より小さい数字で教えていたとき、はたして生徒が「クワス」でなくて「プラス」で理解していたかどうか、厳密にいえばわからない。57を超える数の問題を出したら、生徒がどの問題にも5と答えだして、慌てることになるかもしれない。そのとき、生徒が間違っていたとは簡単にいえない。彼は先生のいう「プラス」を「クワス」のことだと解釈していたのかもしれず、それならばそれで一貫しているからである。57を超えたからといって安心できない。もしかしたら、100を超えたところで「クワス」になるかもしれず、1000を超えたところで「クワス」になるかもしれない。

そんなのは空想的だというかもしれないが、小さな子供は両手の指の数である10以上の数を理解できない段階もあるのだから、まったくありえないことではない。逆にいえば、自分が考えている規則が、これまでは社会的に通用しても、もしかしたらあるところから「クワス」的な逸脱になるかもしれないという恐れは、いつでもあることになる。「私自身が周囲の人たちに「逸脱」の烙印を押される可能性、それは適用の一歩ごとに開かれている」（野矢、前掲書、一七五頁）。

そのとき、みな他の人が「プラス」の規則に従い、ひとりだけ「クワス」に従うならば、それは逸脱だが、「クワス」に従うグループができれば、「プラス」派と「クワス」派は対等に渡りあえるかもしれない。「プラス」派と「クワス」派が相互に相手の規則を理解できればいいけれども、そうでなければ自分こそ正しいと主張して、決着のない争いに陥る。普遍的な公共空間など夢でしかない。

相互に同じ規則に従っていると考えられる限りにおいて、他の人との間には相互了解が成り立ち、そこに障害はない。ところが、そこに乗れない人がいると、異質性が強く意識される。「徳之島の話が佳境に入りしときどこの島かと聞く人ありき」(寒川猫持)。よくあることだが、これでは座はしらける。僕もまた、場が読めないでしばしば失敗する。その程度では罪はないが、相手が突然刃物を持って立ち上がったりしたら、もうルールは完全に壊れる。それは起こりえないことではない。二〇〇一年、大阪の池田小学校に乱入し、八人の児童を殺害した宅間守元被告は、最後まで遺族への謝罪を拒み、自ら望んで処刑された。罪を悔い、謝罪すれば、ルールの中に回収される。死刑が刑罰でありうるのは、犯罪者にも死にたくないという欲望があるという了解があって、はじめて成り立つ。その了解が成り立たなければ、処刑さえも意味を失う。

それはあまりに極端な例かもしれない。しかし、ともかく誰でも同じ〈人間〉として了解できるという楽観論はいまや成り立たない。共通のルールが壊れたとき、人は理解不能の「他者」として現れる。了解されている限りにおいて、相手は友人であったり、家族であったり、先生と学生であったり、という具合に相互の関係を明確化できる。電車の中で乗り合わせた見知らぬ人同士でも、見知らぬ人という関係ははっきりしている。

ところが、その既定の関係のいずれにも当てはまらないとき、人は「他者」に変貌する。そこでは、倫理も法律も政治の規則も成り立たなくなる。「他者」の出現にどう対処したらよいのだろうか。排除して、なかったものにしてしまうしかないのだろうか。だが、殺害された被害者がいる限り、どこまでも消しがたいしこりを残し続ける。

ルールに収まりきれず、理解不能の「他者」は、外側にいるばかりではない。自分の内にも住み着いている。他人の顔は見ることができるが、自分の顔は見えない。いちばんわからないのは自分かもしれない。自分の内なる感情がどのような行為を惹き起こすか、それは自分でも見当がつかない。

たとえば、自分の子供はかわいい。そこまではいいが、もしかしたらそこから進んで、自分の子供より恵まれた他の子供を憎み、その親を憎み、殺意が芽生えるかもしれない。どこまでが認められる感情であり、どこからが逸脱であるか、連続的に変化していく中で、その一線はなかなか判断がつきにくい。

あるいは、もっと微妙な例を挙げれば、幼児虐待は、必ずしも子供を愛していないから起こるわけではない。それでも手が出てしまうとしたら、どうしたらよいのだろうか。自分こそ自分で制御できない最大の「他者」ではあるまいか。

†宗教は〈人間〉の世界を逸脱し、同時に適応する

宗教は基本的にいえば、〈人間〉からの逸脱に関わり、「他者」と関わる。むしろ逸脱そのものである。その点で、宗教は狂気、犯罪、性、死、情念、衝動などと同類である。宗教的な行動が、しばしば〈人間〉の世界から指弾されるような逸脱に飛び込んでしまうのは理由のないことではない。オウム真理教はニセモノの宗教で、仏教はホンモノの宗教だ、などという区別は、しょせん仏教者の独りよがりにすぎない。

インド最高の宗教古典とされる『バガヴァッド・ギーター』で、神は恐ろしい姿を示して人々を飲み込む。「私は世界を滅亡させる強大なカーラ（時間）である。諸世界を回収する（帰滅させる）ために、ここに活動を開始した。たといあなたがいないでも、敵軍にいるすべての戦士たちは生存しないであろう」（上村勝彦訳、岩波文庫、第十一章32）。神は喜びのみをもたらすわけではない。死をも、滅亡をもたらす畏怖すべき存在である。

しかし、もし宗教がまったき逸脱だけでないとしたら、それは何ゆえであろうか。また、もし仏教がオウム真理教と区別されるところがあるとしたら、それはどこであろうか。おそらく最大の長所として、長い歴史の中で試され、鍛えられてきたということが挙げられるであろう。世界宗教といわれるようなものは、いずれもそのような試練を経てきた人類の知恵の結晶である。それゆえ、〈人間〉の世界から逸脱しながら、同時に〈人間〉の世界に還元される面を持ち、その往復・緊張の関係を保持している。もちろんそれが逸脱のエネルギーを失い、〈人間〉の中に吸収されてしまえば、それは宗教の抜け殻にすぎない。逸脱のエネルギーがあるからこそ、〈人間〉の領域に収斂《しゅうれん》しない強靭《きょうじん》さを持ちうるのである。

それゆえ、宗教はそれぞれの社会の中で、その状況に適した形態をとることとなる。〈人間〉の領域に適応しながら、しかもそれを逸脱するという二枚腰を示すことになる。

そこに宗教と倫理の緊張関係が生まれる。宗教はしばしば倫理と妥協しながら、しかも倫理を超え出ようとする。その緊張関係の中で、他者と向かい合うことになる。他者を〈人間〉の意味の世界に回収しようとしながらも、しかも回収しきれない他者と向き合わなければならない。それは倫理を超えた超・倫理の問題といわなければならない。

†宗教の倫理の可能性と限界

このことを前提としたうえで、ある範囲で宗教の倫理を考えることは不可能ではない。第8章で取り上げた社会参加仏教のような道も可能である。しかし、それはあくまで〈人間〉の領域の範囲内のことであり、それを超えた普遍性を持つわけではないし、絶対的なことでもない。

宗教倫理というと、どうしても欧米のキリスト教に由来するさまざまな活動を考えやすい。確かにキリスト教の社会活動は活発であり、そこには学ぶべきことが多い。しかし、それが必ずしもいつでも成り立つわけではなく、キリスト教に特殊な観念にもとづいている場合もある。それゆえ、それを単に日本の土壌に移植すればよいというわけではない。あくまでそれは参考であり、仏教独自、あるいは日本独自の道を模索していかなければならない。

少し前にキリスト教のホスピス関係の活動をしている方と、キリスト教と仏教の死生観について少し議論したことがあった。キリスト教的な発想では、人は死ねば天国に召されるが、その天国はこの世界と直接関わることのない別世界である。それゆえ、死はこの世界から完全に去るという意識が強い。まして、それほど強い信仰を持てない場合には、死は無に帰するという恐怖が強い。そこで、その恐怖を和《やわ》らげ、信仰を強めるために、ホスピスのような場が必要とされるという。

ところが、仏教では輪廻の観念があるから、死んでもこの世界から切り離されるという意識が弱い。また、日本では、祖先崇拝の素地があり、死者は神や霊として現世の生者を見守るという発想があるから、その面からも死によって絶対的にこの世界から切り離されるという感覚が持ちにくい。

確かに古い信仰は変化しつつあり、そのような来世観が今日そのまま信じられているわけではない。しかし、その底にある心的な構造はそれほど決定的に変わるわけではなく、まして天国か無か、という西欧的な発想に転換するわけではない。とすれば、そこでは必ずしも西欧的なホスピスは有効でないかもしれないし、それほど必要とされていないのかもしれない。そのような背景を十分に考えなければいけない。普遍的な倫理などというのは空論である。あくまで〈人間〉の問題として、それぞれの社会のあり方を十分に反省しながら考えていかなければならない。

第13章　宗教は倫理を乗り超える

†清沢満之の精神主義運動

「人の間」に成り立つ倫理の世界は十分に完結したものでなく、それからはみ出すものがあって、そこに宗教の問題が開かれてくる。宗教は世俗を超えるというのは、すでに釈迦の出家以来仏教の原則のように見えるが、正面から倫理を超えるものだという主張は決して古いものではなく、日本では明治になってからのことである。むしろ江戸時代には仏教は倫理を無視するというので、儒教などから批判を受け、仏教側はさかんに世俗の倫理を説いて、それに対応しようとした。

宗教と倫理の問題をぎりぎりまで追い詰めて、両者の対立を説いたのは、浄土真宗大谷派の改革者として名高い清沢満之《きよざわまんし》（一八六三―一九〇三）であった。清沢は東京大学に哲学を学び、若くして宗教哲学者として出発したが、その後、宗門改革を志す一方、結核により自らの死を見つめる中で、信仰の本質を深く突き詰めていった。とりわけ門下生とともに興した晩年の精神主義の運動は、日本における近代的な宗教の確立に向けて大きく一歩を踏み出すものであった。清沢は宗門内でも毀誉褒貶《きよほうへん》が著しく、まして宗門の外で必ずしも十分に検討評価されているとは言いがたいが、近年、岩波書店から新しい全集が出されて、次第に正当に評価される機運ができつつある。

清沢の活動を理解するためには、当時の社会の精神状況を知っておかなければならない。一八八九年（明治二十二年）に大日本帝国憲法が発布され、日本は近代国家としての形態を整えるが、それは同時に天皇を絶対視する国家体制の確立でもあった。さらにその翌年、教育勅語が制定され、その体制は学校教育を基盤とする国民道徳の確立という形で国民に強制されることになる。まさに道徳の時代である。

実際、当時の体制派を代表する哲学者井上哲次郎は、キリスト教徒である内村鑑三《うちむらかんぞう》の教育勅語不敬事件を契機に「教育と宗教の衝突」と呼ばれる論争を起こしてキリスト教排撃に乗り出した（一八九二―九三）。ここでいわれる宗教というのは具体的にはキリスト教であり、教育というのは教育勅語の道徳であるが、ともあれここではじめて宗教が倫理道徳と矛盾するものとして正面から問題にされた。キリスト教のような普遍主義・平等主義は、現実社会の国家道徳と相容れないというのである。

直接攻撃を受けたのはキリスト教であるとはいえ、実際には宗教の世俗超越性が問題にされているのであり、その点では仏教にも通ずる問題であった。しかし、当時の仏教者はその点に関してあまりにも見通しが甘く、キリスト教を排撃するよいチャンスとばかり、井上の肩を持った。仏教者によって問題の深刻さが認識されるには数年かかった。そして、それを大きく問題にしたひとりが清沢であった。清沢は一九〇〇年（明治三十三年）に弟子たちと浩々洞《こうこうどう》を結び、翌年には雑誌『精神界』の刊行を始めて、精神主義運動の火蓋《ひぶた》を切った。没するまでのわずか二年間であるが、その間の活動は日本の近代宗教史上もっとも実り豊かな成果のひとつとなった。

†無限責任から「無責任主義」へ

清沢は、外側の世界ではなく、自らの心（精神）を深く顧みることによって絶対無限者である如来《にょらい》と出会い、如来の命ずるままに従うべきことを説く。それが宗教の究極である。それでは世俗の道徳とは何か。清沢によれば、それはわれわれに倫理道徳の不可能を覚らせるためにあるという。なぜだろうか。この世界のすべてのものは相互に関連して存在する。仏教の言葉を使えば縁起である。それを清沢は「万物一体」と呼ぶ。そうとすれば、われわれはわれわれの身近なものだけでなく、世界中のすべてのことに対して責任が生ずることになる。

だが、世界中のすべてのことに対して責任を果たすことなど可能であろうか。いくら世界がグローバル化したとしても、地球の裏側の路地裏の出来事にまで、すべて責任を持てるであろうか。それは、有限なわれわれには到底不可能なことである。地球の裏側どころか、ごく身近な領域でさえ、とても責任を持ちきれないことばかりである。それが可能なのは、絶対無限者である如来だけである。そうとすれば、われわれは有限の自己に固執すべきではなく、自己を捨ててすべてを如来に任せるほうがいい。如来がすべて引き受けてくれる。

こうしてすべてを引き受けなければならない無限責任は、如来と出会うことにより、如来にその無限責任を譲り渡し、無責任へと転ずる。「無責任」というと悪いことのようだが、清沢の弟子たちは「無責任主義」という言葉を積極的な意味で使っている。

では、如来の他力にすべて任せきったら、世俗のことに対してどのように対処したらばよいのであろうか。清沢はここでもきわめてラディカルな態度を貫く。路傍に急患者がいたとき、介抱すべきだろうか、黙って通り過ぎるべきだろうか。その問いに対して、清沢は「無限大悲が吾人の精神上に現じて、介抱を命じたまわば、吾人は之を介抱し、通過を命じたまわば、吾人之を通過するなり」（「精神主義と他力」）と答える。

清沢の立場は非常に徹底している。それは世俗の倫理道徳を完全に否定する。清沢は言う。「宗教を説くが為に道徳を破壊するは不都合であると云う議論がある。此は一寸《ちょっと》困難な問題の様ではあるが、しかし何とも致し方はない。道徳と云うものがさ程脆《もろ》きものなれば壊れるのもよいかもしれぬ」（「宗教的道徳（俗諦）と普通道徳の交渉」）。

†世俗の倫理道徳に収まりきらない問題

清沢の明快な主張は、当時の国家道徳万能主義に対する痛烈な一打である。だが、それですべてうまくいくかというと、いささかの不安を覚えないわけではない。どれほど如来を信じきって、わが身を委ねたとしても、はたして世俗生活のいちいちの細かいことまで、如来はわれわれに対処の仕方を教えてくれるのであろうか。われわれは無責任で、責任があるのは如来だといって、世間で通用するであろうか。

そんなことをいうのは不信心であるといわれてしまえば、返す言葉もないが、世の中はすべて信心深い人ばかりではない。まして今日、判断を要する微妙な問題は無数にある。たとえ如来の力に身を委ねたとしても、世間に向けてはやはり如来でなくて、自分が責任をとらなければならないであろう。それが、〈人間〉の倫理の問題である。

そうではあるが、それにもかかわらず、世俗の倫理道徳に対して迎合しない清沢の潔い態度は、われわれに大きな勇気を与えてくれる。世間で倫理道徳が問題にされているから、宗教がそれに対していちいち対処しなければならないとは限らない。倫理道徳を説くがために、そもそもその倫理道徳でとらえきれない何かを忘れてしまうとしたら、かえって危険なことである。倫理が「人の間」のルールの問題であるとしたら、それに収まりきらないところにこそ、より大きな問題があるのではないか。われわれはそれをこそもっと深く追究していかなければならないのではないか。清沢が真向かった如来とは、まさにその次元で出会われる、われわれの理解を超えた他者であったのである。

†人間存在は本来無意味でよい

宗教と倫理の問題は、近代の浄土教においては、『歎異抄』の「悪人正機」と関連してさまざまに論じられる。また、禅の場合も大きな問題になる。しかし、ここでは少し視点を変えて、このような倫理否定論を極限まで追い詰めて主張したもうひとりの仏教者について紹介しておきたい。それは毎田周一《まいだしゅういち》（一九〇六―六七）という無名に近い思想家である。

毎田は京都帝国大学で西田幾多郎《にしだきたろう》に学んだ哲学者であるが、同時に清沢の高弟暁烏敏《あけがらすはや》の弟子でもある。毎田は故郷金沢で中学や師範学校の教員を務めたが、敗戦後の一九四六年（昭和二十一年）、突然職も家庭も捨てて出奔した。無一物《むいちぶつ》の貧窮の中で、少数の熱心な信者によって支えられながら、長野県で宗教活動に入り、著作と布教に一生を終えた。敗戦による価値観の転換が大きな衝撃となったのであろう。毎田は阿含《あごん》経典・聖徳太子《しょうとくたいし》・親鸞・道元などを学び、独自の仏教観を展開させた。

晩年の『澄む月のひかりに』（一九六四）は原始仏典の『スッタ・ニパータ』（経集）の翻訳に「平常底《びょうじょうてい》の仏法」という解説をつけたものであるが、この解説で、毎田は人間存在は無意味であるという。それはちょうどエヴェレストに登頂したからといって、それが何の意味もないのと同じである。本来無意味でよいのに、人はそこに意味づけを与えようとする。そこに「……しなければならない」という「当為」が生まれる。だが、そんな当為は、悲劇的であるとともに喜劇的でもある。そんな「当為」は捨ててしまえ。当為がなければ迷いがなくなる。

「この可憐なつくしからまつそうの花を咲かせるのも自然であれば、トゥルーマンをして、私は原子爆弾を作らせ、それを広島・長崎に投下することを命じたことに、何の罪も感じていないと証言せしめたのも、自然であった。……如何に日本の軍隊は、支那大陸その他に無知な暴虐を働いたことであろう。……それによって愚を思い知って、二度と再び愚を演じない、聡明なものとなるということにはならない。相変らず、そして永遠に愚なるものが人間なのである。……優しいことと暴虐なことと、共に出来るのが人間である。そのように自然は人間を作ったのである」。

愚かなのが人間の自然ならば、それを改めようとしてもどうしようもないではないか、というのである。

これはあまりに極端にすぎると思われるかもしれない。仏教者の戦争責任が問われる中で、いささか誤解を招きやすい言葉ではある。また、違う回路をとりながら、先に見た本覚思想や〈空〉〈不二〉の現状肯定論とも近づいてくる。しかし、ただちに倫理道徳に回収しようとする言説に対するアンチテーゼと考えれば、それはそれで宗教の一面を的確に表現しているとも考えられるのである。

第14章　宗教はしばしば倫理と妥協する

†教育と宗教の衝突

清沢満之や毎田周一の場合、もっとも極端に宗教を倫理から独立させようと試みた。それゆえ、宗教は世俗倫理を超越し、ある場合には世俗倫理に背くこともありうることを示した。それに対しては、当然それを批判する考えもありうる。

そもそも清沢の倫理超越論は、井上哲次郎によって引き起こされた「教育と宗教の衝突」論争を意識し、それに対する仏教側からの応答という意味を持つものであった。井上によると、キリスト教は次のような点で、日本の実情に合わないとされていた（井上『教育ト宗教ノ衝突』一八九三）。

第一、国家を主とせず。

第二、忠孝を重んぜず。

第三、重きを出世間に置いて世間を軽んず。

第四、其博愛は墨子《ぼくし》の兼愛《けんあい》の如く、無差別的の愛なり。

これらの項目を見れば、いずれもキリスト教ばかりでなく、仏教にも該当しそうなことがわかる。ちなみに、第四の墨子の兼愛説というのは、墨子はすべての人を平等と見、無差別的な愛を説いたことをさす。それに対して儒家は、親子・君臣・夫婦・長幼など、それぞれの人間関係によってルールが異なることを説いて、それが封建社会の原理とされた。

仏教の場合を考えてみると、第一に、仏教の真理は国家の枠を超えたものである。確かに仏教には転輪聖王《てんりんじょうおう》という世俗の王の理想があるが、宗教的な真理を説くブッダは世俗の王より上の存在である。この原則は、南伝系の仏教では今日にいたるまで守られているし、中国でも沙門不敬王者論《しゃもんふきょうおうじゃろん》という論争がなされた。沙門（出家修行者）は世俗の王を敬礼しないというもので、六朝時代にはその原則が貫かれた。

第二点は第四点とほぼ一致することになるが、仏教で愛に相当する慈悲は、すべての衆生を対象とするものであり、人間関係によってルールを異にする儒教などの世俗道徳とは異なるものである。まして封建道徳や教育勅語の道徳とは相容れないものを持っている。

第三点は、これら個別の問題を総括し、宗教と道徳の相違をもっとも端的に言い表したものである。仏教が世俗道徳を否定するという批判は、すでに中国から出ていた。「身体髪膚《はっぷ》これを父母に受く」という儒教の道徳からすれば、頭髪を剃り、家庭生活を棄てて出家する仏教者の行動は世俗倫理に背くものと批判されるのは当然である。同様の批判は江戸時代の儒者からも提出された。

このように、仏教もまた当然批判の対象として該当するはずである。しかし、にもかかわらず、井上の直接の批判対象はキリスト教であったし、当時の大部分の仏教者もまた、これこそキリスト教排撃のよいチャンスとばかり、井上の味方をした。井上は、「仏教にては国家及び忠孝に関する教ありて耶蘇教と同日の談にあらず」と仏教を弁護する（『教育ト宗教ノ衝突』一二五頁）。

†仏教は世俗権力とどう対峙したか

確かに日本の仏教史を見るとき、仏教は鎮護国家《ちんごこっか》の長い歴史を持っている。日本の仏教は、古代において国家仏教として導入され、僧尼令《そうにりょう》によって規制された。しかし、仏教界がすっかり国家の統制下に降ってしまったのかというと、そうでもない。中世は王法仏法《おうほうぶっぽう》相依《そうえ》といわれ、両者は車の両輪にたとえられる。中世の仏教寺院は、西欧中世のキリスト教会と同様に、国家と対等に立ちうるだけの力を持っていた。宗教の力は強大であり、その呪力は国家をも覆しうるほどであった。だから、国家も仏教をおろそかに扱うことができなかった。僧兵の横暴が許されたのも、そのような仏教の力を背景に持っていたからである。

それゆえ、寺院は、世俗で位に就けない皇族や貴族の子弟の受け入れ先でもあれば、戦争の敗者、罪人・病人・女性などの弱者が逃げ込むアシラム（避難所）でもあった。世俗世界を表とすれば、その表の世界を支える裏の世界が仏教界であった。だから、そこは治外法権で、世俗の法や倫理が通用しなくなるのである。

だがまた、そのような仏教界が世俗権力と対等に渡り合っていくためには、他面では世俗の秩序を認め、それと折り合っていくことも必要であった。世俗の倫理を完全に無視し、蹂躙《じゅうりん》すれば、同時に宗教界の秩序もまた崩れる。表の世界が裏の世界なしに自立しえないのと同様に、裏の世界は表の世界なしに自立しえない。両者ががっちりとスクラムを組むことで、完全な世界の秩序が成り立つのである。

†世俗倫理との折り合い

ところが、戦国時代末期になると、そのような治外法権が成り立たなくなる。織田信長《おだのぶなが》による比叡山《ひえいざん》焼き討ちや豊臣秀吉《とよとみひでよし》による本願寺《ほんがんじ》制圧のように、世俗の力が仏教界を圧倒する。その中で、仏教界も建てなおしを要求される。そのような事態に新しい方向を開いたものに、鈴木正三《すずきしょうさん》（一五七九—一六五五）の職分仏行《しょくぶんぶつぎょう》説を挙げることができる。正三は、もともと徳川氏に仕える三河の武士であったが、四十二歳のとき突如出家し、厳しい禅の修行を積み、その中から独特の仏教観を育てた。それが職分仏行説であり、世俗の職分を全うすることがそのまま仏行であるという考え方である。たとえば、正三は言う。

「農業則《すなわち》仏行なり。……極寒極熱の辛苦の業をなし、鋤鍬鎌《すきくわかま》を用い得て、煩悩の叢茂《くさむらしげ》き此の身心を敵となし、すきかえし、かり取りと、心を着《つけ》てひた責《せめ》に責て耕作すべし。……此《かく》の如く四時ともに仏行をなす、農人何とて別の仏行を好むべきや」（『万民徳用』）。

士農工商それぞれその職分を尽くすことが仏行に他ならない。出家修行するだけが仏行ではない。世俗の職業生活を精一杯行なうことが仏行だというのである。このような正三の説は、仏教による世俗倫理の確立として、戦後高く評価された。あたかも西欧のプロテスタントの世俗倫理が近代社会の基礎を作ったのと同じような役割を果たしたというのである。

だが他方、正三の職分仏行説に対しては、徳川幕府による身分固定政策の先鋒となり、封建秩序を作るものだという批判もある。正三はそればかりか仏教を使って民衆統治をすべきだという主張をもなし、それは寺檀制度の確立において実現される。宗教が世俗倫理の問題に深入りすることがよいのかどうか、それは微妙な問題だ。

仏教から世俗倫理を説くことは、その後も白隠《はくいん》や慈雲《じうん》などの仏教者によってなされた。また、江戸時代には僧侶たちはしばしば厳しい修行を棄てて、妻子を持ったりして世俗化する。しかし、それでも江戸時代の仏教がすっかり世俗化したわけではない。仏教はやはり世俗とは一線を画した領域を形成し、寺院は聖域であり続けた。

それが近代になって、制度的にもすっかり世俗化することになった。にもかかわらず、本当に完全に世俗化したかというと、そうでもない。一方で世俗化の波をもろにかぶりながら、しかし他方では、清沢のように過激なまでに世俗倫理の超越を説く論も提出される。それはまさに世俗化したがゆえにこそ、かえってその中で仏教の宗教としての位置をどう打ち立てるかという格闘であった。

そうしたはざまで、多くの仏教教団は苦労して世俗倫理と折り合いをつけながら、今日にいたっている。戦争の時代には戦争協力、平和になれば平和主義、環境保護が叫ばれればエコロジーという具合に、世俗倫理の動向に棹さしながら、しかし完全に世俗倫理べったりにもなりきらず、しぶとさを発揮してきた。それは中世以来鍛え抜かれてきた王法仏法相依論の今日的展開ともいえる。

†世俗倫理の侵犯こそ仏教本来の姿?

ところで、仏教と倫理との関係には、もうひとつ別の動向もある。それは、倫理の超越ではなく、倫理を侵犯する悪行にまでいたる場合である。たとえば、鎌倉時代のはじめに専修念仏を説いた法然の教団のある人たちは、「若《も》し人、罪を恐れ悪を憚《はばか》らば、是れ仏を憑《たの》まざるの人なり」(『興福寺奏状《こうふくじそうじょう》』)と主張したという。いわゆる造悪無礙《ぞうあくむげ》説であり、親鸞教団にもそのような主張があった。『歎異抄』の悪人正機説もその流れに立つ。

ここでいわれているのは、女犯・肉食などの仏教的な悪であり、必ずしも世俗倫理とはいえないが、宗教的な悪と世俗倫理が重なっていた時代には、このような主張はそのまま社会秩序を揺るがす罪業と考えられた。法然教団を告発した『興福寺奏状』では、その告発の最後に「国土を乱す失」を挙げ、表裏一体である王法仏法相依の秩序を破壊することを強く指弾し、それに対しては王法、すなわち世俗権力が介入して弾圧するのもやむをえないとしている。実際、法然教団は、門下の風俗紊乱《ふうぞくびんらん》を理由に法難《ほうなん》を被るのである。

社会秩序の紊乱であるこのような態度は批判されてしかるべきかというと、近代の研究者たちは意外にもそのような態度を高く評価している。王法仏法相依こそ宗教の世俗権力との癒着であり、そのような欺瞞的な秩序を打ち壊し、人々の平等の救済を打ちたてようとした法然教団こそ、仏教本来の姿を示すものだというのである。

このように、仏教と世俗倫理の関係はいろいろあり、また、それに対する評価も一定しない。単純にどれが正しく、どれが間違っているともいえない。ただはっきりいえるのは、倫理はあくまで〈人間〉の次元の問題であり、それを超えるところにこそ宗教としてのより大きな課題があるということである。それを見失ったとき、どんなありがたいお説教ももはや宗教とはいえなくなってしまうのである。

第15章　つきまとう他者

†菩薩の思想としての『法華経』

宗教は相互に役割的に了解可能な「人の間」としての〈人間〉の領域を逸脱し、了解不能の他者と関わる。それゆえ、それは通常の倫理を超える。にもかかわらず、了解可能な〈人間〉の根底において、つねに了解不可能な他者と関わらなければならない。その具体的な姿を、『法華経』を手がかりにうかがってみよう。

通常用いられる『法華経』は、鳩摩羅什訳にもとづくもの（『妙法蓮華経《みょうほうれんげきょう》』）で、全二十八品《ほん》（章）からなる。その解釈は主として天台の説によるのが通例で、それによると、『法華経』は前半と後半に二分され、前半の安楽行品《あんらくぎょうほん》までを迹門《しゃくもん》、後半の従地涌出品《じゅうじゆじゅっぽん》門以下を本門《ほんもん》と呼ぶ。迹門は方便品《ほうべんぽん》を中心とし、その主題は開三顕一《かいさんけんいち》、すなわち、小乗と大乗の三つの道（声聞《しょうもん》・縁覚《えんがく》・菩薩の三乗）を唯一の仏の道（仏乗）に帰着させるということであるという。本門は如来寿量品《にょらいじゅりょうほん》を中心とし、その主題は開近顕遠《かいごんけんのん》、すなわち、迹門のブッダガヤーで悟りを開いた歴史的な釈迦（伽耶成道《がやじょうどう》の釈迦）を方便（衆生を救うために仮に示した手立て）として、それを超える永遠の真実の釈迦（久遠実成《くおんじつじょう》の釈迦）を顕し出すことであるという。

ところで、近代の研究は、『法華経』をその成立段階から見て三つに分けるようになった。方便品から授学無学人記品《じゅがくむがくにんきほん》までを第一類、法師品《ほっしほん》から嘱累品《ぞくるいほん》までと序品とを第二類、薬王品《やくおうほん》以下を第三類とする。第三類はさまざまな菩薩の信仰を取り込んだもので、成立が遅れ、第一類と第二類では、第一類のほうが成立が早いと考えられている。これに対しては、近年二十七品（遅れて成立した提婆達多品《だいばだったほん》を除く）全体が同時に成立したという説も有力になっているが、その場合でも第一類と第二類とで大きな区分けをする点では同じである。

最近の解釈では、『法華経』は菩薩の思想ということで一貫して見ることができるといわれている。第一類は基本的には迹門に相当するので、その中心は方便品の「開三顕一」である。その「一」は誰でもいずれ仏になることができるという仏の道であるが、今はまだ仏になっておらずに、その準備段階であるから、菩薩ということになる。だから、そのことを言い換えると、「一切衆生はすべて菩薩である」と定式化することができる（苅谷定彦『法華経一仏乗の思想』東方出版、一九八三参照）。

「三」というのは、要するに、自分には仏になる能力なんてとてもないから、もっと容易な到達点で満足だということであり、それに対して、自分で能力がないと思い込んでいる

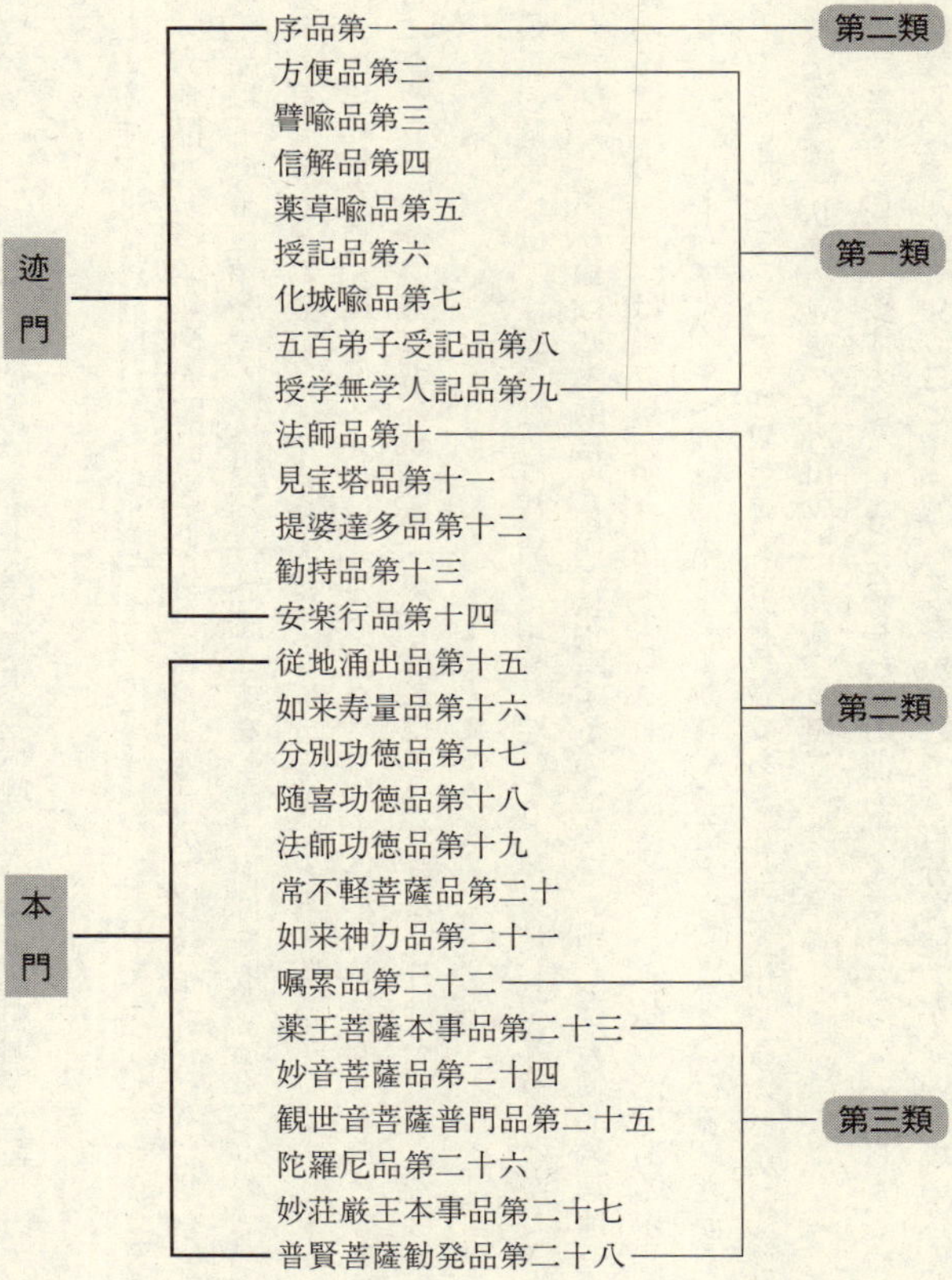

迹門
本門
序品第一
方便品第二
譬喩品第三
信解品第四
薬草喩品第五
授記品第六
化城喩品第七
五百弟子受記品第八
授学無学人記品第九
法師品第十
見宝塔品第十一
提婆達多品第十二
勧持品第十三
安楽行品第十四
従地涌出品第十五
如来寿量品第十六
分別功徳品第十七
随喜功徳品第十八
法師功徳品第十九
常不軽菩薩品第二十
如来神力品第二十一
嘱累品第二十二
薬王菩薩本事品第二十三
妙音菩薩品第二十四
観世音菩薩普門品第二十五
陀羅尼品第二十六
妙荘厳王本事品第二十七
普賢菩薩勧発品第二十八
第二類
第一類
第二類
第三類

『法華経』の構成

けれども、じつはそうではない、みんなその能力を持っているんだ、というのが「一」の立場ということになる。

†一切衆生は他者なしには存在しえない

第二類は仏滅後の菩薩の実践の問題を扱い、死者としての仏が問題となるからⅢ部に回し(第21章)、ここでは第一類についてもう少し詳しく見てみよう。菩薩についてはすでに論じたが(第4、5章)、そこでも述べたように、大乗の菩薩とは、原理的に他者との共在をいうものであり、利他を説くからといって、必ずしも他者に対する倫理性を保証するものではない。『法華経』の第一類では、このような菩薩のあり方をさらに深く追求している。

方便品でいわれる「開三顕一」とは、それまで小乗とされていた声聞や縁覚もじつは菩薩であり、いずれ成仏できると明らかにされることであるが、それだけではきわめて抽象的である。それを私の解釈に従っていえば、それまで他者を要せず、自分だけで自足的に存在しうると考えていた仏弟子たちが、じつは他者を要する存在であることに気づくということである。「一切衆生は菩薩である」ということは、要するに、「一切衆生は他者なしには存在しえない」ということである。

誰でも他の人々との共同性なくして存在しえないことは当たり前ではないか、といわれるかもしれない。しかし、その当たり前のことが原理として立てられるかどうかは大きな問題である。先に述べたように、原始仏教ではそれを原理化しなかった。そして、大乗仏教でそれを原理化するやいなや、かえって議論がややこしくなり、倫理の曖昧化が生じてしまった。

そのような中で、『法華経』が提示する他者は、決して単純なものではない。それはもちろん、「人の間」で日常的に相互に容易にコミュニケーションが成り立ち、了解されているような他の人々ではない。そうではなく、唐突に〈人間〉を超えたところで現れる理解不能の他者である。それが仏によって象徴される。

このことを具体的に示しているのは、方便品に続く譬喩品《ひゆほん》以下である。それは声聞授記《しょうもんじゅき》と呼ばれていることで、小乗の声聞とされる仏弟子たちが、じつは大乗の菩薩であることが仏から明かされ、未来の長い時間の末に仏となるということが授記（預言）されるのである。それは何を意味するのであろうか。

†釈尊は他者を代表する

譬喩品ではまず、方便品の説法の相手である仏弟子舎利弗《しゃりほつ》（シャーリプトラ）の成仏が明かされる。すなわち、未来世において、無限に長い時間を過ぎて、成仏して華光《けこう》如来になるであろうと授記されるのである。しかし、どうして成仏不可能な声聞と考えられていた舎利弗に、成仏が可能となるのであろうか。その理由として挙げられるのが、過去の因縁である。じつは釈尊（釈迦仏）はかつて二億もの仏のみもとで舎利弗を教化し続けてきたというのである。釈尊との関係は決して現在突然に生まれたものではない。ただ舎利弗はそのことを忘れていたのである。

このような他者との関係は、もはや今この場で、相互の役割関係として成り立つ「人の間」の倫理ではとらえきれないものである。「前世の因縁」というが、その「前世」も並大抵なものではなく、ほとんど無限の過去から続いている因縁である。他者との関係は、無限大の過去と無限大の未来という時間性において理解されなければならない。それも、現在と未来は過去によって規定されるのであり、過去こそがもっとも重いものとして与えられている。もちろんその過去は、平板な物理的時間としての過去ではない。私たちの内面の奥底に深く沈められた過去である。いわば遺伝子の中に埋め込まれているとでもいうことができよう。

その過去は長く忘却されている。他者との煩わしい関係など、早く忘却したい。しかし、にもかかわらず、表層的に忘却されたように見えても、他者はどこまでも付きまとい、忘れたはずの記憶を呼び起こしてやまない。それを思い起こし、取り戻し、引き受けることが菩薩となることである。

ここでは、釈尊は他者を代表する形で現れる。釈尊と舎利弗の関係は、私にとって関係深い他者と私との関係に置き換えて理解してよい。親子であっても、夫婦であっても、他のどのような関係であってもよい。きれいごとだけの関係などないはずである。なぜこの人と切っても切れない関係に結び合わされているのか、いくら問うても答えが出ない。愛だけでなく、殺したいほどの憎悪もあるであろう。離婚してそれで終わりになる関係であれば、それだけのことでしかない。たとえ殺してしまって、相手の存在を抹殺したように見えても、それでも決して消えてなくなることなく、どこまでも付きまとって離れない他者との関係のなかに、じつは僕たちは最初から取りこめられているのだ。

通常、『法華経』にこめられたこのメッセージは、しばしば見逃されている。「誰もが仏になれる」という成仏のことだけがクローズアップされる。実際、方便品には過去の因縁のことは説かれていない。

また、舎利弗との縁を語る譬喩品には、有名な三界火《さんがいか》宅《たく》の喩《たとえ》が出る。これは、長者が火事の家から子供たちを逃がすのに、方便を凝らして、子供たちが好きな羊車《ようしゃ》・鹿車《ろくしゃ》・牛車《ごしゃ》を与える約束をしたが、安全なところに逃げてから、それらより立派な大白牛車《だいびゃくごしゃ》を与えたというもので、三乗が方便で、唯一の仏乗が真実であることを示したものである。ここでは、過去の仏との関係ということは表面に出てこない。しかし注意深い読者ならば、この話にはすでに前提として、親と子という切っても切れない相互関係が埋め込まれていることに気がつくであろう。

†無限の過去から未来へと及ぶ他者との関わり

それでは成仏ということはどうなるのであろうか。釈尊と舎利弗の縁のはじまりが無限の過去であるならば、成仏もまた考えることのできないほど無限の未来のことでしかない。それは到達不可能な次元である。けれども、無限の過去が現在に埋め込まれていることを考えれば、無限の未来もじつはある意味で、すでに現在のなかに実現しているということができる。菩薩と仏とはそれほど区別がつくものではない。釈尊も永遠に衆生に関わり続ける限り、どこまでも菩薩である。

その際重要なことは、菩薩の菩薩たるゆえんはあくまで他者との関わりの中にあり、仏性とか如来蔵のように、実在的な基盤があるわけではない、ということである。「一切衆生は菩薩である」という『法華経』の説は、しばしば如来蔵・仏性説の「一切衆生に仏性（如来蔵）がある」という思想と結びつけて考えられるが、じつは両者の間には大きな隔たりがある。如来蔵・仏性が自己の中に内在しているのならば、それは他者との関係を要しないものである。『法華経』の菩薩は、それとは逆に、その菩薩であることの根拠は自己の中にではなく、他者との関わりの中にあるのである。

『法華経』の菩薩論を過去から未来に及ぶ他者との関わりという観点からすべて理解しようというのは、無理のように見えるかもしれない。しかし、そうではない。化城喩《けじょうゆ》品《ほん》では、大通智勝仏《だいつうちしょうぶつ》と釈尊との因縁を引いて釈尊と娑婆《しゃば》の衆生との関係を説いている。大通智勝仏は無限ともいうべき遠い過去に『法華経』を説き、亡くなった仏であるが、その十六人の王子のうち、第十六王子が釈尊であり、他の王子たちが別の世界で教化するのに対して、釈尊はあくまでこの娑婆世界で教化を行なう。それゆえ、釈尊は、「いま声聞の境地に住する者は、私がずっと（仏の）無上の悟りを教えてきたのであるから、これらの人たちは、この教えによって次第に仏の悟りに入っていくであろう」と説くのである。

こうして読み解いていけば、『法華経』という経典が、決してただありがたいだけのことではないことがわかる。そこで説かれているのは、どんなにいやであっても、どこまでも追いかけ、付きまとう他者としての仏である。他者との結びつきは、単なる役割関係としての「人の間」の倫理に収まりきらない、生々しい葛藤の現場である。だからといって、無限の過去から無限の未来へと続くその関係から逃れることはできない。それならば、それを認め引き受け、向かい合うしかないではないか。〈人間〉を逸脱した他者にどのように向かい合うことができるのか。それはもはや倫理では解決しえない超・倫理の問題である。

第16章　他者という迷路──〈恨〉と〈魔〉

†〈恨〉の神学

〈人間〉のルールを取り去ったとき、他者はその異形性を露わにする。お互いの役割がはっきりして、相互にどう対応すればよいかわかっている限りでは、何も問題が生じないのに、他者は突如了解不能の様相を示して、とまどわせる。感情のもつれは、しばしば〈人間〉の言葉によって表現できないまま蓄積され、まったく予想もできない形で噴出することもある。何の問題もないはずだった子供が突然キレたり、思いもよらぬ犯罪に走ることもある。民族間や国家間の問題もまた、ルール上には出ない感情の蓄積がどうにもならないこじれを生み出す。今日このような問題は、従来の宗教や倫理では解決できないほど複雑になってきている。

このような問題は、仏教よりもキリスト教神学のほうで真剣に議論されている。キリスト教はもともと欧米で発展したものであるから、欧米中心的な発想が強かったが、解放の神学が現れて以来、欧米以外の地域に立脚し、抑圧された人たちの立場から出発する新しい神学が展開している。そのひとつに、韓国系のプロテスタント神学者アンドリュー・パクの〈恨《ハン》〉の神学がある（Andrew Park, *The Wounded Heart of God*, Nashville: Abingdon Press. 1993. 森本あんり『アジア神学講義』創文社、二〇〇四参照）。

パクによると、これまでの神学は人の罪を最大の問題とし、信により神の赦しが得られるとしてきた。しかし、これは加害者・強者・抑圧者の論理であり、たとえ彼らの罪が赦されるとしても、それによって傷つけられた被害者・弱者・被抑圧者の苦しみが癒されることはない。

罪と赦しは、神と加害者・強者の間の閉じられた関係として、被害者や弱者を排除して展開する。そのとき、被害者・弱者の中に積み重なってゆく負の感情が〈恨〉である。〈恨〉は日本語でいえば、「怨念」などに当たるのであろうが、長い歴史の中で被抑圧者としての苦難をなめてきた韓国語の〈恨〉がもっともふさわしい。パクの両親は植民地時代の朝鮮に生まれて苦労し、独立後は南北分断と朝鮮戦争の中を逃げまどい、ようやくアメリカに渡ったときに交通事故で亡くなったという。パク自身がこのように、まさしく両親以来の〈恨〉のまっただ中に生きてきたのである。

パクによれば、加害者・強者の罪は、神に対するものである以上に、被害者・弱者に対するものであり、被害者・弱者が傷つき、〈恨〉を持つのと一緒に、神もまた傷つき、〈恨〉を持つ。それゆえ、被害者・弱者が〈恨〉から解放され、〈恨〉のない世界を作ることに向けて努力する以外に、加害者・強者の罪が赦される道はない。救われるべきは、加害者・勝者である以前に、まず被害者・弱者でなければならない。

パクの〈恨〉の神学は、これまで忘れられていた被害者・弱者の立場を立脚点として提示することによって、宗教や倫理に対してまったく新たな方向を与えるものとして注目されている。〈恨〉はキリスト教だけの問題ではなく、宗教・無宗教を問わず、世界のいたるところに見られる。それればかりか、宗教そのものが他者を傷つけ、〈恨〉へと追いやる原因となりうるのであるから、一宗教内の反省では解決しない。パクもまた、〈恨〉が宗教間対話の大きな課題となることを認めている。自らのよって立つ宗教が、本当に被害者・弱者の立場に立つ宗教であるのかどうか、それは口先だけのことではなく、実際にどのような活動がなされるかによって検証されなければならない。

†加害者と被害者の複雑な関係

仏教ではしばしば「怨みに報いるに怨みを以てしたならば、ついに怨みの息《や》むときがない」(『ダンマ・パダ』)と、怨恨を捨てることを説くが、しかし、そのように簡単に捨てられないのが〈恨〉である。加害者・強者の責任を問わずに、被害者・弱者の側だけに〈恨〉を捨てさせようとするならば、本末転倒である。

しかし、加害者・強者がただちに自らの罪を認めて、被害者・弱者の〈恨〉を解消する方向に進むかというと、必ずしもそのように楽観的にはいかない。そもそも加害者・強者の側が、自ら罪を犯しているという意識を持たない場合も少なくない。

弱者は本当にちょっとしたひと言によって大きく傷つくが、その言葉を吐いた強者には、それによって相手を傷つけたという意識は必ずしもない。イジメは、いじめられた側には自分の命と引き換えにしたいほど深刻な問題であるが、いじめる側にとっては、ちょっとした気晴らしにすぎない。小国にとっては許しがたい侵略であっても、侵略する側の大国はあくまで正義を実行し、遅れた国を助けているつもりでいる。こうして〈恨〉は癒されるどころか、ますます募り、こじれることになる。

しかも、パクも認めているように、今日の社会は複雑に入り組み、誰が加害者で誰が被害者か必ずしもはっきりしない。犯罪の加害者の少年は、彼自身が家庭や学校でのさまざまな問題の被害者であるかもしれない。テロの被害を受けた国が報復をすれば、今度は無《む》辜《こ》の民衆を殺す加害者となる。加害者が被害者となり、被害者が加害者に転ずる。その度に〈恨〉は深くなり、解決の道はますます遠のく。どうすればよいのであろうか。

もちろん簡単な解決があるわけではない。パクは〈恨〉の原因を、主としてグローバルな資本主義経済、家父長制、人種・民族や文化的な差別という社会的な要因に帰して、それらの除去によって〈恨〉が解決するとしている。そのような社会的問題は確かに重要であり、社会構造に内在する矛盾や不正に目をつぶることは許されない。しかし、それですべて解決すると考えるのは、あまりに楽観的すぎないだろうか。そうした社会的な原因だけに帰せられない要素も認めなければならない。

†私の心に棲みつく〈魔〉

オウム真理教や酒鬼薔薇事件を他人事としてではなく、自らの問題として深い考察をなしている鎌田東二《かまたとうじ》は、麻原彰晃や酒鬼薔薇少年をあのような逸脱した行為に走らせたものを〈魔〉としてとらえている（『呪殺・魔境論』集英社、二〇〇四）。〈魔〉という言い方はあまりに広範すぎて漠然としているかもしれないが、理性的な智慧では追いつかない深部の何ものかは、他に何とも名づけようがなく、確かに〈魔〉（あるいは、「悪魔」「魔物」など）とでも呼ぶほかないであろう。〈根〉と結びつけて考えるならば、他者の〈根〉を惹き起こす行為（罪）へと促す何ものかが〈魔〉ということになる。

〈魔〉という言い方をしてしまうと、社会や本人には責任がないようになってしまいそうであるが、もちろんそういうわけではない。大きくいえば社会体制全体がつねに問題になるし、本人はもちろん責任をとらなければならない。しかし、それでもどうしようもないものが心に棲みつくこともある。酒鬼薔薇少年はそれを、「心の独房の中……／死霊の如く立ちつくし、虚空を見つめる魔物の目にはいったい、／〝何〟が見えているのであろうか。／俺には、おおよそ予測することすらままならない」（手記「懲役13年」）と記し、自分にも予測のつかない「魔物」が心の中に棲みついていることを訴えている。酒鬼薔薇少年や麻原彰晃だけではない。無辜の市民をいくら殺してもそれを正義と信ずる大国の指導者の心にも、同じように魔が棲みついているとしか考えられない。そして、それは他人事でなく、僕たちの当たり前の日常の中でも同じように跳梁《ちょうりょう》している。魔はイエスや釈迦の前に現れ、その悟りや活動を妨げようとした。イエスや釈迦は力強くその魔を退けることができたが、それはふつうの人にできることではない。魔は、まさしく私の心の中に棲みつき、私の意志を麻痺させ、意志に反した行為へと導くこともある。あるいは、私の意志そのものを捻じ曲げる。それは、私の中にいる他者である。他者は私の外にいるとは限らない。

†仏界入り易く、魔界入り難し

近代の合理主義は、死者を忘れると同時に、魔の恐ろしさをも忘れてしまった。人は、理性による正しい判断が可能で、意志の力によって自己を制御しうると思い込み、傲慢となった。だが、自分の意志による善なる行為と思い込んでいることが、じつは他者を傷つける魔の行為でないと誰がいえよう。「長いものに巻かれ、事なかれでいればよい」という魔の誘惑に従わずにいられる人が、いったいどれだけいるであろうか。国際間のことでも、大国のすることであれば、それがどんなにおかしくても、ただちに多数の国が追随することになる。

　もちろん、自分の意志どおりに善を成しえないことに絶望を感じる人たちもいた。日本の近代になって『歎異抄』の悪人正機説が非常にもてはやされることになったのは、そのためである。しかしその場合、まさしくパクの言うように、傷つけられる他者は忘れられ、悪をせざるをえない自己が、その悪ゆえに弥陀によって救われるという加害者の救いのみが与えられることになる。悪くいえば、それは弥陀と魔との馴れ合いの取引にもなりかねない。実際、清沢満之の門人たちが『歎異抄』の悪人正機説を説くようになったとき、社会派の仏教者たちから、社会倫理に反するものとして批判を受けた。

〈恨〉や〈魔〉をどう和らげ、和解をもたらすか、ということは、ある程度は〈人間〉の倫理の範囲で論ずることができるし、それはぜひとも必要なことだ。それでもやはり、〈魔〉は深く僕たちの心の奥に根ざし、〈恨〉を生み出し、また〈恨〉が新たな〈魔〉と〈恨〉を呼び出すことはいつでも起こりうる。

　そもそも、〈魔〉が殺人（個別であれ、大量であれ）に及んだとしたら、死者の〈恨〉を和らげることなどできるのであろうか。のちほど、僕たちはもっとも深刻な戦争の死者たちの問題を取り上げることにしよう（第24章）。

　超・倫理の課題は、それを解決する秘策を出そうというのではない。そうではなく、〈魔〉や〈恨〉の織りなす他者との関係（私自身の中の他者をも含めて）を前に立ち竦《すく》み、もう一度畏《おそ》れをもって見直そうというのである。川端康成《かわばたやすなり》の愛した言葉に「仏界入り易く、魔界入り難し」というのがあるが、まさにこのことをいうのであろう（ちなみに、これは一休宗純《いっきゅうそうじゅん》の語と伝えられるが、じつは同時代の雪江宗深《せっこうそうしん》（一四〇八―八六）の語録に見える）。

第17章 〈愛〉もまた逸脱する

†〈愛〉という他者との関わり方

他者に対して〈人間〉のルールの枠をはみ出して傷つけるように促すのが〈魔〉であり、それによって傷つけられることで〈恨〉が生まれる。しかし、他者との関わり方にはもう少し違うあり方もありうる。たとえば、〈愛〉と呼ばれるような関わり方である。

愛にはエロスとアガペーがあるといわれる。エロスは性愛をモデルとして相手との一体化を求めるもので、プラトン哲学においては、真理への希求として哲学の根本的情熱とされる。それに対して、アガペーはキリスト教における神と人との間の愛であるが、絶対者であり創造者である神と被造物で不完全な人とは隔絶しているから、仲保者であるキリストによってその愛が媒介されることになる。しかし、プラトン的なイデアも、キリスト教的な絶対神も前提にせずにいえば、愛とは他者へ向けられた激しい希求であり、他者と一体化しようとし、あるいは他者をわが物としようという欲求ということができよう。

それに対して、仏教における愛は渇愛《かつあい》（タンハー）ともいわれ、喉の渇いた人が水を欲するように、理性を失ってひたすら対象を求め、執着にいたる煩悩であり、人を迷いの存在に結びつけ、輪廻の苦悩へと引き留める根本の原因とされる。インドで重視される性愛的なカーマも、仏教では否定されなければならない。その否定的なニュアンスを除けば、対象への激しい希求という点で、西欧における愛ともきわめて近いところがある。

仏教では、それに対して宗教的に肯定される他者への態度として慈悲が勧められる。しかし、純粋な慈悲は、それこそ完全なブッダでもなければ不可能であり、誰にでもできることではない。どんなに善意の慈悲のつもりで行なっても、必ずどこかで相手やまたは第三者を傷つけることが出てくる。誰に対してもまったく平等の慈悲など不可能である。わが子とまったく知らない子供が、同じところで一緒に溺れていたならば、まずわが子のほうに手が伸びるのが自然であろう。

†自と他の垣根は決定的なものでない

人は他者と結びつこうとする。どんなに人嫌いであっても、ひきこもっていても、それは他者に傷つけられることを恐れるからであり、本当はそれだけ強く他者を呼び求めている。他者との結びつきというと困難なようだが、じつは自と他の垣根はそれほど決定的なものではない。

他者と関わるとき、自己は堅固な個の鎧の中に自己を囲い込み、他者との間に障壁を作ろうとすることもあるが、逆にすべての外郭を溶かして他者の中に入り込み、あるいは、他者が私の中に侵入することもある。そのときには〈私〉の範囲は個体を超えて、一体化した他者にまで及ぶことになる。あるいは、〈私〉は他者の中に吸収されて、消失することによって安らぎが見出されることもある。

子供は親と一体化することによって安心し、親の価値観を内面化して成長する。他方で親は子供を自分の内なるものと感じて、育てる。もちろんそうであってはじめて育児が成り立つのだが、だからといって、それは決して「美しい親子の愛」とばかりいえるものではない。親と子は互いに相手を独占しようとして、相手を縛りつけたり、第三者を排除した閉鎖的関係を形成することもあるし、子供が成長すれば、相互に激しい葛藤を生ずるもとともなる。愛の中には魔が潜む。フロイトは、父親と男の子の間の性的ライバル関係をエディプス・コンプレックスとして指摘し、親子関係が決してきれいごとでは済まないことを明らかにして衝撃を与えた。

もっとも、それも時代と状況によって変化する。今日の日本では、家父長的な男性優位が崩れたことと、子供が必ずしも早い自立を求められないことから、父親と男の子の間の闘争は弱くなっているといわれる。それに代わって、核家族で少子化の進む中で、子育ての責任を負わされる専業主婦の女性の悩みが大きくなり、しばしば子供との一体化が強くなりすぎたりして、その距離のとり方が難しくなっている。幼児虐待がかつてないほど大きな問題となっているのも、時代の変化に伴って、家族における〈人間〉のルールが曖昧化し、親がどのように対応してよいのかわからないということが根底にあるのであろう。

ここからもわかるように、愛の問題は必ずしも心の領域だけに閉じ込めることができない。時代によって〈人間〉のルールが変わっていくこととも大きな関係を持っている。それはまた、少子化や老齢化など、社会構造の変化に大きく規定される。それゆえ、そのような状況を踏まえて、〈人間〉のルールをどのように積極的に作り変えていくべきかという問題を無視することはできない。どんな時代にも通用する普遍的な家族道徳などない。

しかし他方、他者との関わりをすべて〈人間〉のルールに回収できないことも確かである。愛は歓喜の源泉であると同時に、苦悩の源泉でもある。そればかりか、他者を傷つけ、もっとも深い〈恨〉を生み出すもとともなる。しかし、それだからといって、愛や執着を離れて生きることはできない。それはどうしようもない衝動としてほとばしり出る。それならば、愛や執着に目をつぶるのではなく、そのような形で否応なく生ずる他者との関係の両義性を見据えることこそ必要ではないのか。「煩悩即菩提」というと、いかにも俗で手《て》垢《あか》がつきすぎ、身勝手な欲望の自己正当化にしかならないし、時代にそぐわない感じがする。しかし、かつてそのような言葉で表された事態は、今でも変わらないところがある。〈恨〉をも生むような激しい愛こそ、他者との真正面からの関わりである。

†死者の仲立ちが他者との関わりを可能にする

女子高生たちに爆発的なブームを呼んだ『Deep Love』(Yoshi著、スターツ出版)は、今日、人を愛することの困難と、それでもなお、どのようにして愛が可能であるかを問うている。第1部の主人公女子高生のアユは援助交際をしながら、ホストの健二と一緒に住んでいる。義理の父親にレイプされ、母親が自殺した過去を持つアユは、いつも無表情で、「たるくない?」が口癖。

彼女がはじめて心を開いたのは、ただ一日だけの夫を特攻隊で失い、空襲で妹を失ったおばあちゃんだった。そのおばあちゃんの死を通して、アユは心臓に病気を持つ少年義之を知る。はじめて人を愛することを知ったアユは、しかし義之の手術費を稼ぐため、再び援助交際にはまり込み、やがてエイズの孤独な死を迎える。こうしてほとんど救いが見えないようなままに、第2部から第3部へと、死者であるアユと関わり続ける義之や友人のレイナを襲い続ける過酷な運命が、これでもか、これでもかと展開する。

ここでは〈性〉は〈愛〉から切り離される。性が日常化する中で、それは他者との関わりという本来の性格を失う。逆に、アユと義之はほとんど接点を持たないまま、それでもアユははじめて人をいとおしく思う。自分の身を犠牲にして、義之の手術代を稼ごうとする。それは〈愛〉であろうか。それにしては、アユの思いはあまりに一方的で、相互性がないではないか。援助交際をして得たわずかなお金を義之の父親に渡しても、それは父親の酒代として消えるだけではないのか。

そうではあるが、アユは義之と触れて、はじめて激しい欠如と希求の感情を持つことになる。売り物としての性が見失わせた他者をはじめて取り戻す。援助交際は、男の欲望に与える性の代価としてお金を得るという、〈人間〉の枠組みの中の交換にすぎない。しかし、義之と触れたとき、その〈人間〉のルールが崩れる。

お金のためでもなく、欲望のためでもなく、ただなぜかわからないが他者が私を動かし、無償の行為に走らせる。その理由もわからない他者の衝撃こそ、他者の他者性に他ならない。アユははじめてそこで他者を経験するのだ。それを〈愛〉と呼ぼうが、他の名前で呼ぼうがかまわないではないか。そして、私の呼びかけに、たとえ遠くからであっても他者が応答するとき、そこに〈人間〉の領域に回収されることのない何かが生まれるのだ。

その際重要なことは、ここで他者との触れ合いに死者が媒介をしているということだ。義之とアユを出会わせたのは、死んだおばあちゃんだった。そのおばあちゃんはまた、戦争で亡くなった夫と妹という死者とともに、長い戦後を生きてきた。アユがはじめておばあちゃんに心を開くことができたのも、おばあちゃんが〈人間〉の中に回収されない死者と共なる生を生きていたからではなかったか。そして、援助交際の果てにエイズで死んだアユの死は、一見無意味で惨めなように見えながら、その後の義之やレイナの生を導き続けていく。
死者の仲立ちがあって、はじめて生ける他者との関わりが可能となるのである。死者が忘れ去られるとき、生者の間の愛もまた成り立ちえなくなる。それは、この小説の中だけの問題ではなくて、もっと一般的に成り立つことではないか。死者こそ他者との関係を考えるうえでもっとも重要なのではないか。そのことは本書Ⅲ部の課題となる。

先回りしてここでひとつ指摘しておけば、古代において、異性への呼びかけと死者への呼びかけはそれほど大きな違いがなかった。『万葉集《まんようしゅう》』の恋歌である相聞歌《そうもんか》は、死者を悼む挽歌《ばんか》とセットになっており、しかも相聞の冒頭に置かれた仁徳《にんとく》天皇の妻磐姫《いわのひめ》皇后の作と伝えられる歌は、挽歌とほとんど区別がつかない。たとえば、「君が行き日《け》長くなりぬ山尋ね迎へか行かむ待ちにか待たむ」は、ふつうには異性への呼びかけと解されるが、それをもはや戻ることのない死者への呼びかけと見てもおかしくない。実際、歌人にして国文学者折口信夫《おりくちしのぶ》によれば、「恋」は、死者の魂を呼び戻そうとする招魂と無関係でないという（「相聞歌概説」『折口信夫全集』九）。死者こそ、超・倫理を考える際の最大の問題である。

『Ｄｅｅｐ Ｌｏｖｅ』に戻って、もうひとつ付け足しておけば、ここで告発されているのは大人のしたり顔の倫理道徳主義だということだ。援助交際はいけない、などと口先でいうことは誰にもできる。しかし、現世の欲望とお金だけが優越する〈人間〉の枠組みを作り上げたのは誰だったのか。強い者勝ちの戦争を仕掛けて弱者を徹底的に痛めつけるのが正義であり、その強者に尻尾を振るのが国益であると強弁するのは誰なのか。その大人たちが、いったいどうして子供たちに道徳を教え、情操を育てることなどできるというのか。本当に深く反省しなければならないのは、硬直しきった〈人間〉の秩序を作り上げ、それを疑おうともしない大人たちなのだ。

第18章　他者との一体化とナショナリズム

†〈私〉は心身的な限界を超え出る

僕たちは、身体と精神を持った個体的な存在を〈私〉であると考えるのがふつうである。確かに常識的には、人の社会はそのような個体的な存在の集合のように見える。しかし、前にも触れたように、実際には〈私〉の限界はそれほど絶対的とはいえない。ごく簡単な例でいえば、車を運転する場合、車幅を自分の身体の幅として目算できなければ、細い道を曲がることができない。西田幾多郎《にしだきたろう》の用語でいえば、それは車と私が一体となった「純粋経験」である。別の例でいえば、〈私〉が一企業の社員として契約を結ぶとき、その契約を結ぶ〈私〉は、身心的な個体としての〈私〉ではなく、会社という法人格を代表することになる。

家族の労働で自給自足に近い生活をしていた時代と違って、現代の社会は複雑に入り組み、ひとりの人が何重もの異なった人間関係を結ぶようになっている。会社にいるときの〈私〉はあくまで企業の一員として、たとえば課長として判断を下すのであり、家庭の事情を持ち込むことはできない。しかし、家に帰ったときの〈私〉は夫であり、父であって、子供の教育のことを心配しなければならない。

それは単に役割を演じるというだけでなく、それぞれの状況に従って、〈私〉は会社とも同化するし、家族とも同化するということでもある。自社の製品が社会で広く使われていれば、自分が開発したわけではなくても、嬉《うれ》しく感じるであろうし、子供がよい成績をとれば、親も誇らしく感じる。それを愛社精神とか、親バカとかいって済ませることはできない。そのとき、〈私〉は、会社と一体化し、あるいは家族と一体化しているのである。

†民族や国家への一体化

このように、〈私〉はつねに身心的に限界づけられた〈私〉を超え出ようとし、実際に超え出ている。そうして他者との垣根を超え出ようとする衝動を、前章で〈愛〉と呼んだ。愛はきわめて卑近な日常的な場で、愛社精神とか家族愛とかいう形で実現している。たとえば、自家用車であっても、自分と馴れ親しんで一体化した車は愛車と呼ばれることになる。愛によって他者と結びつくとき、他者との「濃い関係」が生れる。

他者との一体化がもっとも広くなれば、人類愛のようなものになるのであろうが、実際上これはかなり抽象的で、人類が宇宙人から攻撃されるようなことでもない限り、「薄い関係」を超えることは難しい（「濃い関係」「薄い関係」については、第24章参照）。それに対して、一見抽象的でありながら、個がやすやすと一体化してしまいがちなのが民族や国家であり、そこにナショナリズムの問題が生ずる。それは必ずしも表面的に意識されなくても、じつは深層から私たちを動かしていて、実際かなり日常の場にも現れている。

たとえば、オリンピックで自国の選手の活躍は大々的に報道され、誰もが興味を持つが、他国の選手が勝利したところで、あまり大きく報道されることはないし、それほどの関心を呼ぶことはない。大リーグでイチローや松井が活躍すると、大リーグの勝負自体はそっちのけで、日本人選手の活躍だけが取り上げられる。自国の人がイラクで人質となったり、殺されたりすれば大騒ぎになるが、他国の人が殺されてもそれほど大きなニュースとはならない。そうしたことはごく当たり前のことと受けとられ、誰もそれに疑問を持たない。

もちろんそれはお国自慢的なものの延長とも考えられる。東京の新聞では巨人戦が大きく出るのに対して、大阪版では阪神の記事がトップになるのと同じようなことであり、その限りであれば罪はない。しかし、国家は国民全体を動かす力を持っており、外交や、とりわけ軍事・戦争の主体として国民すべてを巻き込むことになる。

もちろん国などというのは、勝手に地球上の土地に境界線を引いて争っているのであるから、それこそ空《くう》なるものであり、そんなものにとらわれるのはおかしい、というかもしれない。また、現在のような国家は近代の産物であり、否定されなければならない、という意見もあるであろう。しかし、無国籍の世界市民として、どこに行ってもまったく同じように活動できるような国際的な人ならばともかく、ふつうの人ならば、なかなかそうはいかないのではないだろうか。たとえば、自国が他国に侵略されたり、植民地化されるような事態でも、平気で受け入れられるかというと、やはりそうはいかないであろう。

日本によって中国が侵略されたとき、中国の仏教者たちは苦悩の末、太虚《たいこ》の指導の下に抗日戦争に協力することにした。太虚は、たとえ出世間の僧であっても、自分の生きる国土を護ることは必要であるとして、断固として日本への協力を拒否し、抗日側に立った。同じ戦争協力のように見えながら、日本の仏教者が無批判にやすやすと侵略戦争に加わったことと、天と地ほど違うことである。

†ナショナリズムと侵略主義

ナショナリズムは、しばしば政治的な煽情《せんじょう》に乗りやすいこと、教育を通して、子供の頃からいわば洗脳され、批判的な目を見失いがちなことなど、問題は多い。侵略される側だけでなく、侵略する側もまた、国民のナショナリズム的な感情が後押しすることは、かつての日本の戦争の場合でも明らかである。

しかし、本来のナショナリズムは侵略に結びつくものではない。なぜならば、自国が侵略されることの痛みを知るならば、同じように侵略される他者の痛みがわかるからである。たとえば、かつて日本は植民地時代の朝鮮の人々に創氏改名といって、自分たちの名前を名乗ることを否定し、無理に日本人名を名乗らせた。それがどれほど恐ろしいことかは、もし自分たちが、日本人としての名前を否定され、ジャックとかベティとかいう勝者の国の名前を強制されるとしたらどうだったかと考えれば、すぐにわかるであろう。〈人間〉のルールの中に収まりきらない他者との出会いは、必ずしも個体的な場合だけでなく、国や民族の場合も同じである。そのとき、その他者の痛みは、自らがナショナリストとしての痛みをわかる人によってのみ共感できることである。ナショナリズムを否定し、自国の誇りを持たない人ならば、侵略された他国の人が受ける〈恨〉などわかるはずがない。

ところが不思議なことに、ナショナリストがもっとも強固な侵略主義者となることが多い。自国の誇りは持つものの、他者が侵略されたときの痛みにはまったく鈍感になるのである。これははっきりいってナショナリストとはいえず、単なるエゴイストであるにすぎない。自分の利益になるならば、他人の家に勝手に押し入って強盗をしてもよいという自分勝手な論法とまったく同じである。そのような人は、自国にとっても危険きわまりなく、断固として批判し、否定しなければならない。

†大川周明の「大乗」アジア主義

しかし、じつをいえば、かなり注意していても、ナショナリズムは侵略主義の罠に陥りやすい。大川周明《おおかわしゅうめい》(一八八六―一九五七)というと、日本ファシズムの代表的な思想家であり、侵略戦争のイデオローグとして悪名高い。しかし、大川は最初はインド哲学を学び、そこから当時のインドがイギリスの植民地下でいかに悲惨な状態にあるかということを知って、欧米の植民地主義を批判し、アジアの独立解放運動に共鳴するところから出発している。その限りでは、大川の反植民地主義的なアジア主義は十分に納得のいくところである。弱者であり、抑圧された被差別者として、当時の日本も同じような立場にあったのであるから、そこからアジアの連帯が可能となるはずであった。

ところが、大川の思想はそのようには発展しなかった。日本はアジアの他の諸国に先駆けて近代化を成しとげ、欧米に対抗できる国力を身につけることができた。その日本がリーダーとなってはじめてアジアが解放されるのであり、日本にはその役割を果たす使命があるというのである。

もし日本がその役割を果たさなければ、遅れていて弱いアジアはどんどん欧米の餌食《えじき》になってしまうであろう。それゆえ、アジアの指導者である日本が国力を充実させることは不可欠である。日本のアジアへの進出は、欧米の植民地主義者の侵略とは異なる。それは、アジアが欧米と対抗できるために、日本によってアジアの統一がなされていなければならないからである。こうして、日本のアジアへの侵略は、それのみがアジア解放の道であるという理由で合理化されることになってしまう。

そのとき、大川が、そのような日本の態度を「大乗」と呼んでいることは注目される。個人の精神的な自由ばかりを求めるのは「小乗」であり、大きな視野に立って、世界の解放を求めるのが「大乗」である。いまやアジアは「大乗アジア」でなければならない。だが、そのように言われた「大乗」とは結局何だったのか。じつは日本による侵略を合理化し、アジアの国々を苦しめるだけのことではなかったか。

「大乗」という言葉は戦争中、しばしばこのように日本が他国を侵略する口実として用いられた。自分だけの利益ではなく、他者のためにしてあげるというのは、いかにも立派そうである。しかし、誰もそんなお節介を受けることを欲しはしないであろう。その論法は過去のことではない。フセインの独裁からイラク国民を解放し、民主主義を与えてあげるという理由で、無辜の民衆を殺傷してもやむをえないというアメリカの論法は、あまりにそっくりではないだろうか。

〈魔〉や〈恨〉は個人単位だけの問題ではない。とりわけ民族や国家の問題となったとき、〈人間〉レベルで合理的に解決できない厄介な問題を惹き起こす。表面のきれいごとの言説の背後にうごめくものを見逃してはいけない。

第19章 神仏関係をとらえなおす

†神道と仏教

日本のナショナリズムの問題は、宗教の次元では神道の問題に直結する。しかし、神道を単純にナショナリズムで斬ることはできない。もっと深い土着の問題と関わるはずだ。日本の宗教は長いこと神仏習合《しんぶつしゅうごう》として展開してきた。それゆえ、仏教の立場からしても、別の宗教のこととして、無関心でいることはできないはずだ。ところが、仏教界、あるいは仏教研究者の間では、必ずしも神道や日本の神の問題を正面から議論することが行なわれていない。偉い仏教学者の書いた研究書や概説書を見ても、葬式仏教とまったく同様に、神仏習合の問題は抜け落ちている。

戦後いちはやく鈴木《すずき》大拙《だいせつ》は激烈な戦争批判を展開し、その責任を神道に帰した。また、戦後の進歩的な研究では、浄土系における神祇《じんぎ》不拝《ふはい》の態度が高く評価され、神仏習合は仏教の純粋性を損なう不純な妥協とみなされた。もちろんその背景には、戦前の国家神道が国家主義・天皇主義の中心的なイデオロギーとなり、国民を戦争に追いやる大きな力となったということがある。そのために神道＝危険思想という先入観ができてしまい、不幸なことに神道について論ずることは長い間ほとんどタブーとされ、柳田国男や折口信夫のようなごくわずかな良心的な研究者を除けば、十分に生産的な議論がなされなかった。

もっとも、神仏習合に対する批判は戦後になって出てきたものではない。明治のはじめに神仏分離が強制され、それまで混然としていた両者は、はっきりと別々のものとされた。それは、神道側から仏教を排除して、神道による祭政一致を実現させようという意図から発したものであり、そこから廃仏毀釈《はいぶつきしやく》のような運動にも発展した。廃仏毀釈に間もなく収まり、祭政一致政策も失敗に帰したが、神仏分離はそのままずっと今日にいたるまで維持され、定着することになった。

†島地黙雷の神仏分離論

この神仏分離政策は、仏教側から必ずしも強い抵抗を受けず、むしろそれを積極的に受け入れようという傾向が見られた。そのような方向を推し進めたひとりに、明治初期の浄土真宗の優れた指導者島地《しまじ》黙雷《もくらい》（一八三八—一九一一）がいる。

島地は明治政府の大教院による宗教統合政策を正面から批判し、宗教は国家によって統制されるべきものではないとして、浄土真宗を大教院から独立させ、それによってはじめて日本に近代的な宗教の自由が確立したといわれる。その後、宗教の自由は大日本帝国憲法に明記されて、定着することになった。その島地は、宗教進化論の立場から、多神教の神道は宗教的に低い次元のものであるとして批判し、仏教を高度な宗教として、それから区別しようとした。その点で、神仏分離を支持することになったのである。

ところで、島地の論が大きな問題をはらむことになるのは、この先の議論である。確かに神道は宗教としては原始的で低次元のものであるかもしれないが、宗教として考えなければ、国を作った皇祖や名臣に対して敬意を表するものとして意味あることとされるのである。これはまさしくこの後、明治政府によって推し進められた神道非宗教論を先導するものとなる思想である。すなわち、神道が宗教でないならば、それを国民に強制したとしても、宗教の自由に抵触しないことになる。それが国家神道である。

†神仏の相互補完構造

こうして神仏分離の結果として、仏教は神道から分かれ、純粋な宗教として承認された。ところが、神道は非宗教であるから、宗教である仏教と共存しても何の問題もないことになる。神仏習合ではなくなったものの、ひとりの人が仏教と神道の両方をかけ持ちすることは何の問題もなく、むしろそれが当然のこととされる。宗教である仏教は個人に関することであり、非宗教である神道は国家に関することで、相互に矛盾なく役割を分担することになる。

こうして、神仏習合とは異なった形で、神仏が改めて重層的、役割分担的に共存するようになった。これを私は、神仏習合と区別して、「神仏補完」と呼んでいる。次元が違う以上、仏教が神道に対して批判がましいことをいったり、口出しすることはできず、むしろ国家神道を裏から支えることになってしまったのである。

その重層的な相互補完構造は、戦後になっても十分に反省されることなく、問題そのものが封じ込められてしまった。そのことは今後、しっかりと掘り起こし、検討しなければならない。しかし、ここで注意すべきは、一般の人々の信仰の次元では、戦後、政治的な強制がなくなり、神道もまたひとつの宗教とされるようになってからも、新たな形で神仏補完が続くことになったことである。

今日でも多くの人々は神社にも寺院にも参詣《さんけい》して、矛盾を感じない。そのことを、宗教的に無節操であるとか、本当の信仰心がないなどと、否定的に論ずる「知識人」がかつて横行した。そのために、そのような重層的な神仏信仰に立つ普通の人たちまでも、自分たちの信仰が低次元のものであるかのような後ろめたい思いにとらわれてしまったのは不幸なことであった。宗教にはさまざまな形態があり、どれが優れているとも一概にいえるものではない。

しかも、現代の神仏関係は決して無秩序なものではなく、相互の役割分担がかなりはっきりしている。すなわち、誕生のときの宮参り、七五三、結婚式など、人の成長に関わるイニシエーション的な慶事は神道が主として担当し、葬式と死後の法要など、死と関わる弔事は仏教が主として担当するという分業が成り立っている。このように、まさしく神仏がうまく補完しあう体制になっている。こうした分業体制は、すでに平安時代に萌芽が見られるといわれ、かなり根深く日本人の中に浸透しているということができる。もっとも今日では、結婚式はキリスト教式のほうが増え、神仏キの重層構造がさらに複雑になっている。

こうした神仏補完構造を考慮するならば、仏教だけで宗教の役割を完結して果たしうると考えるのは誤りであり、傲慢であるといわなければならない。仏教にも神道にも、それぞれ利点があり、欠点がある。両者の分業体制からもわかるように、仏教が強いのは死と死後についての対応がしっかりしているところであり、葬式仏教として定着してきた実績がある。それに対して、生命活動への積極的な対応という点に弱みがある。もともと仏教は現世否定的な傾向が強く、とりわけ性や生殖に対して否定的で、十分な評価を与えることが難しかった。日本の本覚思想や密教には、それを肯定する傾向も見られるが、そのような傾向はしばしば堕落と見られがちである。

逆に神道は、もともと葬祭儀礼を持たず、死後の問題に対して十分な対応ができなかった。葬式仏教を見習って神葬祭《しんそうさい》の方式を生み出し、それが靖国神社などに生かされたが、それでも神葬祭は今日必ずしも広く行なわれているわけではない。他方、神道は土着の農耕儀礼などに由来する要素を多く持ち、そこでは当然ながら、豊かな実りと繁殖、また子孫繁栄が願われた。それゆえ、性や生殖を重んじ、生命を慈しみ、育てることに高い価値を置いている。

†土着の神々との対話のために

このように、両者は正反対の価値観を持つので、それを単純に統合することは難しい。それゆえ、簡単に昔の神仏習合に戻すことができるわけではない。しかし、それだけに相互の利点を生かして、相互補完的な関係をさらに有効なものにしていくことは可能である。近年、宗教間対話ということが盛んにいわれ、仏教とキリスト教とか、神道とキリスト教というような対話は行なわれるが、もっとも相互に関係の深い神道と仏教の間で、必ずしも十分に生産的な議論がなされているように思えないのは、残念である。

これはおかしなことのようであるが、歴史的に見て、両者の関係はかなり屈折したものを持っており、相互に信頼しあえないということがあるのであろう。とりわけ江戸時代以来、神道はナショナリズムの動向に乗って反仏教の傾向を強め、外来の仏教を否定しようとした。そこから、神道がしばしば偏狭なナショナリズムや天皇崇拝と結びついてきたのは事実であり、それが国家神道にいたることになった。今日でもそのような傾向は依然として残されており、それをそのまま認めるのは適当でない。

しかし他方、しばしば論じられるように、仏教の世界宗教的性格が民族宗教である神道に優越するかというと、単純にそういうわけにはいかない。世界宗教がしばしば政治的侵略の手先となってきたことは歴史が証明するところである。仏教の場合は、キリスト教ほど極端には見えないかもしれないが、古代以来、仏教が権力者に都合よく利用されてきたのも事実である。神仏関係に関していえば、神仏習合は事実上多くの場合、外来の強力な文化を背景に、仏教が土着の神々を征服し、従属させるという経緯をとってきた。もちろんその過程を通して土着の神々も次第に力をつけていったのであり、単純に神々が仏に負けて滅ぼされたというわけではない。しかし、そうやって大掛かりな宗教に展開するようになればなるほど、もともと土着の神々が持っていた、日常の中に出没するささやかな異世界性が見失われていきがちなことに注意しなければいけない。もともと土着の神々は、自然のごく微妙な変化の中にその姿を垣間見せるものであり、それだけに繊細な感性をもって目を凝らさなければ見えてこない。それは、本書Ⅲ部で論ずる身近な死者たちと同様である。

小さな神々もまた、死者たちとともに、無視して踏みにじればそれまでである。国家神道はあたかも神々を重んじるように見えながら、じつは生者の政治のために神々を踏みつぶした過程ではなかったか。それがどういう結果を招いたかは、もはや言うまでもない。〈人間〉の政治や倫理の犠牲とされる日常の中の死者や神々を、もう一度他者として見直すことこそ、超・倫理の目指すところである。

第20章　自然は取り戻せるか？

†自然の報復

　今日、〈人間〉の領域だけでなく、自然環境もまた危機的な状況となっている。自然は汚染されつくし、地球の温暖化にも歯止めがかかりそうにない。エネルギーの過剰消費、二酸化炭素の排出、森林の破壊等々、生態系は破壊され、生命の循環がすっかりおかしくなってしまった。フロンによるオゾン層の破壊、農薬やその他の薬品、化学物質、とりわけ環境ホルモンによる汚染、ゴミや排出物の問題も限界を超え、地球が悲鳴をあげている。万能のエネルギーとして喧伝された原子力は、それ自体が危ないとともに、もっと危ない廃棄物を産み出して、今はまだいいとしても、未来へどんどんツケを回していくだけだ。

　それに対して、科学に何ができただろうか。第二次大戦後ある時期までは、人類の未来は希望に満ちて描かれた。戦争から立ち上がって、人類はもう愚かな戦いはしまい、科学を有効に活用して、きっと平和で幸福な世界へと向かっていくだろう、日本だけでなくて、世界中がそんな希望に満ちていた。科学はバラ色の未来をもたらすかのように考えられた。

アメリカとソ連が競って宇宙飛行士を生み出し、月にも人類を送り出した。地球が行き詰まったら、宇宙に飛び出せばいくらでも可能性が開かれるかのようにさえ考えられた。しかし、実際にはそれほど甘くないことが次第にわかってきた。莫大な費用をかけて宇宙開発をしたとしても、地球以外の厳しい宇宙の環境ではとても人類はやっていけない。人類は、あるいはそもそも生命そのものが、この地球という小さな天体にしがみついてしか生きていけないのではないか。その冷厳な事実からはどうやら逃れようがなさそうだ。それならば、その生命を扱う医学の進歩はどうだろうか。たしかに、臓器移植をはじめ、さまざまな治療法が発達し、不治の病とされていたものが、治療可能になったり、画期的に延命率が上がった。しかしその代わりに、エイズ、新型肺炎や狂牛病、鳥インフルエンザなどという新しい病気が次々と出てきて、追いかけっこにしかならない。遺伝子組み替えから、さらにはクローン人間まで、ありとあらゆることが可能になったように見えるが、それを両手を挙げて歓迎できる人はいない。生命の根本そのものをいじることが、はたして人に許されることなのかどうか。

自然の神秘などほとんど消滅したはずなのに、自然は今日かえってより凶暴に人を脅かし、報復する。それは自然の〈恨〉といってよいものだ。人類の幸福がうたい文句だったはずの科学は、実は逆に人類を滅ぼす手段を手に入れていたのではないか。一度開けてしまったパンドラの箱は、もうもとに戻らない。アウシュヴィッツとヒロシマ・ナガサキが現代という時代の始まりをなすというのは、まさしくそこで人類の未来に大きな転換が生じたからだ。ナチスが行なったのは、人類という自然の種の改造であり、アメリカが開発した核兵器は、人類を滅ぼすことを可能とした。そのような危機を回避しようというさまざまな試みは、今日まで成功していない。もはや科学の暴走は、誰にも止めようがない。

†「世界」の死滅

天才物理学者ホーキング博士は、人類はあと千年のうちには滅亡すると予言したという。たしかに過去にも何度も終末論はくり返されてきたことで、むしろ人類の進歩という希望的な観測のほうが、十九世紀から二十世紀にかけての一時期だけの現象であったともいえる。しかし、今日の状況は単なる終末論のくり返しでなく、より切実な問題であることは、誰の目にも明らかである。

もちろん一切存在が無常である以上、人類だけがその例外というわけにはいかない。個人の死が必然的であるのと同様に、人類も自然から生まれたものであるから、やがては死滅しなければならない。それはかりか、地球も、この宇宙さえもが寿命を持つものであり、永遠ではありえない。アビダルマの世界観によると、この宇宙は壊れ（壊劫《えこう》）、空虚な状態が続き（空劫《くうこう》）、生成し（成劫《じょうこう》）、持続する（住劫《じゅうこう》）という四つのサイクルをくり返すという。住劫が終わるときには宇宙全体を覆う火災・水災・風災の三つの災害が起こるという。それはニーチェの永劫回帰《えいごうかいき》を思わせる巨大な神話である。しかし、そのような神話でなく、宇宙の死滅は科学的にも必然と考えられている。

宗教的な次元からいえば、そのような終末は未来の時間の彼方に考えられるものではなく、むしろ今この場で考えられなければならない。『碧巌録《へきがんろく》』第二十九則に、「大隋《だいずい》の劫火《こうか》洞然《とうねん》」という公案が取り上げられている。劫火というのは、まさしく住劫（世界の安定的持続状態）が終わるときの宇宙的な大火災である。ある僧が大隋和尚に、「劫火が燃えさかって大千世界が崩壊するときに、『この根本のもの』は壊れますか」と問うたのに対して、大隋は「壊れる」と答えたという。僧が、「そうであれば、それ（＝この根本のもの）について行きます」と威勢のいいところを見せたところ、大隋は、「ついて行け」と突き放してしまう。想像上の未来の世界の壊滅であるならば、その中に飛び込むこともできる。しかし、いまここで本当に突き放されてしまったとき、それに耐えられるであろうか。

もちろんこれは宗教的な次元での終末であり、必ずしも現実の問題ではない。宇宙の死滅などというはるか先のことなど、いま思い煩うべき問題ではないであろう。しかし、人類や地球の死滅ということは、もはや十分に考慮の範囲に入ってきている。人類が滅亡すると考えることは、個人の死を考える以上に、とてつもなく恐ろしいことだ。個体の死ならば、自分たちの残した何かを子供たちが受け継いでくれるかもしれない。しかし、人類全体が滅亡してしまえば、そのように未来に慰めを求めることができなくなる。

†日本の神と自然の関係

とはいえ、そんな滅亡に怯えるよりは、今の課題はどのようにして自然の破壊をくい止め、地球環境を保全できるか、ということであろう。近年、それと関連して、日本古代のアニミズムを自然重視の思想として理想化する論者もいるが、それほど単純にいえるかどうか疑問である。そもそも日本の古代の宗教を簡単にアニミズムと特徴づけられるかどうか、それほど確かでない。山川草木すべてが神（仏）であるというような見方は、むしろ仏教が入ってきてから、草木成仏説や密教理論などのもとに成立したものではないかと、最近僕は考えている。

もともと神は自然現象そのものではなく、その背後に潜む非日常的な存在と考えられる。菅野覚明《かんのかくみよう》はそれを、「わが国の「カミ」は、風景としてみずからをあらわしている、「裏側」の何ものかである」と言っている（『神道の逆襲』講談社現代新書、二〇〇一）。それゆえ、自然を〈人間〉の秩序の目で見る限り、神は見えてこない。その点で、死者と同じだ。神は〈人間〉の秩序の限界において、あるいは〈人間〉の世界のわずかな隙間に現れる。しばしば神が蛇として現れるのは、このように〈人間〉の秩序の隙間に現れる異物であり、ふと垣間見えてすぐに消えてしまう「裏側」の異世界の使者だからである。

しかし、もちろん自然は神と無関係ではない。自然の山や樹木・岩などは神のヨリシロとして、人と神を媒介するものであり、それゆえ神と関わるものとして、畏れ慎んで向かわなければならなかった。樹林や沼地は神の棲家とも考えられた。そのことはさらにいえば、自然自体が〈人間〉の枠組みから逸脱する他者であるということになる。自然の災害は神の怒りの現れであり、人の力の及ぶものではない。

†草木成仏説は自然尊重の思想か

仏教が入り、仏性論の発展上に「草木国土悉皆成仏《そうもくこくどしつかいじょうぶつ》」の思想が展開することになる。草木も国土もすべて成仏するというのであり、仏性説の日本独自の展開である。この言葉の初出は安然《あんねん》（八四一―？）の『斟定《しんじょう》草木成仏私記』であるが、安然のこの著作は、思想史的に見てもきわめて注目されるものがある。草木成仏説は中国でも主張されたが、その根拠は、主体である有情（衆生）が成仏すれば、その環境である無情の草木も成仏するというものであり、それだけでは必ずしも衆生の悟りをめざす仏教の原則から逸脱するものではなかった。ところが、安然は無情の草木自身が、それぞれ発心し、成仏するというのである。これはいかにも奇妙な発想である。いったいどういうことであろうか。

安然自身はその問題の解決を示さず、後の天台本覚思想の展開の中ではじめて解決がなされる。それは、草木が芽生え、花開き、実を成らせて枯れるその過程が、そのまま草木の発心《ほっしん》・修行・成仏だというものである。こうして、自然のひとつひとつの過程がそのまに修験道《しゅげんどう》の中に曼荼羅《まんだら》思想が密教に由来する曼荼羅思想が修験道の中に持ち込まれ、自然の山岳そのままを曼荼羅と見立てる思想とともに、日本人の自然観を大きく形作ることになった。しかし、それをただちに自然尊重の思想として賛美しうるかというと、問題がある。「自然そのまま」という思想を裏返せば、人為的な努力を軽んじ、あるがまま、なるがままをそのまま認めるという無責任な態度になりかねない。

豊かな自然に恵まれたはずの日本は、戦後の急速で無計画な経済優先の開発により、自然破壊と公害の先進国になってしまった。自然もまた他者であり、その痛み、うめきを聞くことは、〈人間〉の倫理の範囲では解決できないことだ。ハードなエコロジストは、自然にも人と同様の権利があると説く。そのような見方も成り立ちうるが、ただ自然を〈人間〉の枠組みの中に入れて、人と同等とするだけでは済まないであろう。自然はまた、死者や神々と共有されるものであり、生きている人だけが特権的に利用してよいものではない。自然にいかに向かうかという問題もまた、超・倫理の観点から見なければならないのである。

III 他者から死者へ

第21章　他者の極限としての死者

†死と死者

他者は、われわれが不可避的に出会わなければならないにもかかわらず、予測不可能で、「人の間」を逸脱する。そのような他者の極限的な形態として、死者を考えることができる。生きている人同士ならば、議論して意見を調整し、ルールを決めることができる。しかし、死者とは議論することもできない。それゆえ、どうしても〈人間〉のルールに回収することができない。しかし、われわれは何らかの形で死者と関わりを持って生きている。まさしく厄介な他者だ。倫理でとらえることができず、否応なく超・倫理の問題とならざるをえない。死者の問題は、これまでも折に触れて現れてきた。しかし、いまや超・倫理のもっとも中心的な課題として考察されなければならない。

ここでまず、死と死者という問題に触れておこう。死は、永遠に哲学・宗教の課題である。死はすべての終焉であるのか、それとも死後の生があるのか、それは永遠に解決のつかない問題であり、ほとんど水掛け論といってよい。ブッダにいわせれば「無記《むき》」（解答不能）であり、カントもまた、純粋理性によっては解決しない問題であるとした。こうして、死は哲学の問題から放逐された。

しかし、それは問題の立て方がおかしかったのではないだろうか。〈死〉という事態を極限に立てて考えようとするから、どこまで行ってもその先へは到達することができない。それは、哲学的な独我論と同じである。〈私〉という存在を唯一の原点として考えると、他者はおろか、外界さえも不確かなものになってしまう。この世界は私の夢かもしれず、錯覚かもしれない。それならば、確実なものとしては〈私〉の意識しかないことになる。仏教でいえば、唯識の哲学はその方向に展開した。

しかし、少し視点を変えれば、この独我論は非常に無理がある。実際にわれわれは言葉を用いて他の人々とコミュニケーションを交わしている。夢であろうが、幻覚であろうが、そこで他者と関わっていることは事実である。とすれば、他者が絶対確実な存在であるかどうか、などという問いそのものがおかしい。そうではなくて、関わっているという事実から出発しなければならず、どうしたら、よりよい関わり方ができるか、と問わなければならない。

†人は死者と関わりを持って生きる

とすれば、死の問題も、同じように視点を変えなければならない。〈死〉を自分の限界的な事態としてとらえる限り、行き当たってそこから先はわからないとしかいいようがない。しかし、われわれはすでに死者と関わりを持って生きている、という事実から出発すれば、それは不毛で抽象的な議論ではなく、実際に誰でも経験していることである。

もっとも、自分は死者との関わりなどない、という人があるかもしれない。葬式は生きている人たちのためであって、死者のためではない、とはよくいわれる。しかし、親しい者の死を経験した人ならば、そんなにドライに割り切れるものではないことがよくわかっているであろう。死者の不在は、まさしく不在という事実によって、無限の重さをもってのしかかってくるのを、どうしようもないであろう。死者は無言のメッセージによって語りかけ、不在という事実を突きつける。生者は、不在で無言の死者と関わらなければならない。死者との関わりは、確実になされているのであり、それは決して思い込みや幻想ではない。

もちろんそれは、死後も生前と同じような生存がある、という単純な死後存続説をとるということではない。たとえば、極楽浄土が西方十万億土にあり、死んだらそこに行くとか、死んだら神に召されて、天国で永遠の幸福を享受するとかいう死後観を、そのまま単純に信ずることができれば、それが悪いというわけではない。しかし、たとえそのように信じる人でも、親しい人の死はやはり無限の不在感として圧倒されるのであり、それは理屈ではない。理屈から出発するより前に、避けようのない感覚的事実から出発すべきだというのである。

死者との関わりは、どうしても生者との関わりと違っている。生者と同じようなコミュニケーションは成り立たない。「人の間」のコミュニケーションの不可能なところで死者と関わるのであり、それは理屈でもないし、特定の信仰の立場でもない事実である。

死者との関わりは、もちろん時間とともに変化する。次第に忘却され、関係が薄くなっていき、それとともに、死者は単なる不在でなく、生者を温かく見守るように変わっていくことが多いであろう。しかし、そう簡単に生者を安心させてくれる死者ばかりではない。いつまでも生者を責め続ける死者もいるであろう。アウシュヴィッツやヒロシマの死者のように、永遠に人類を告発し続ける死者たちもいる。

生者が死者と関わるのであれば、逆にいえば、死者もまた生者と関わるということである。そうでなければ、生者の死者への関わりは単なる生者の思い込みであり、錯覚でしかないことになろう。死者は虚無に落ち込むのでもなく、生者から隔絶して永遠に生きるのでもない。死者がそうであるならば、〈死〉とは、生の限界にぶつかり、生から転落することであるよりも、むしろ生者から死者への転換と考えるのが適当ではあるまいか。

†死者としてのブッダとどう関わるか

先にわれわれは『法華経』の第一類について、他者論として読むことを試みた（第15

章）。ここでも、『法華経』を手がかりとして死者の問題に接近してみよう。興味深いことに、その第二類はまさしく死者という他者との関わりが主題であり、第一類から続いて読むならば、他者論が死者論へと展開していくという構造をとっている。第二類の最初は法《ほっ》師《し》品《ほん》であるが、ここからは釈尊滅後のことが問題となる。釈尊滅後においては、この『法華経』こそが釈尊に代わるものであり、「一句を受持《じゅじ》し、読《どく》・誦《じゅ》し、解説《げせつ》し、書写する」ことを勧めている。

第一部の主題が、他者としての仏（釈尊）との出会いであったとするならば、第二部の主題は、その仏の滅後、死者としての仏とどう関わることができるか、という問題である。仏が亡くなり、過去の存在となったからといって、仏から離れることができるわけではない。仏はその不在をもって迫る。その不在の仏に代わるものは『法華経』である。『法華経』に関わることによって、はじめてその人は「如来使」として、仏との関わりを新たにしうるというのである。

第二類の中心となるのは、見宝塔品《けんほうとうほん》から、従地涌出品《じゅうじゆじゅっほん》、そして如来寿量品《にょらいじゅりょうほん》にいたる流れであるが、ここでは、死せる仏との関わりが、より積極的な意味合いを持って立ち上げられる。通常は如来寿量品がもっとも中心と考えられるのであるが、このような観点から見るとき、僕は見宝塔品にもっと重点を置くべきではないかと考える。見宝塔品では、死者そのものである多宝如来《たほうにょらい》が出現する。多宝如来は、東方無量千万億阿《あ》僧祇《そうぎ》というはるか遠くの宝浄国《ほうじょう》に過去に出現した如来であり、すでに亡くなっている。しかし、その身を宝塔の中に遺して、『法華経』を説くところがあれば、どこにでも出現しようと誓った。釈尊が『法華経』を説くというので、はるばるやってきたというのである。

多宝如来は死者そのものである。見宝塔品で、釈尊は、その多宝如来の宝塔に、多宝如来と並んで座る。これは、二仏並座《にぶつびょうざ》と呼ばれ、しばしば絵画や彫刻に表される場面である。ここでは生者たる釈尊は、死者たる多宝如来と一体となることによって、はじめてその本来の力を発揮することになる。それは、生者は生者のみでは生きられず、生者は死者のパワー、エネルギーを必要とするということだ。生者が生者だけでありうるという傲慢を、死者はつねにとがめてやまないのだ。

†死者とともにある菩薩

見宝塔品で、釈尊が多宝如来という死者を受け入れたということは、そのまま今度は釈尊滅後には、菩薩たちが釈尊という死者を担うことを要請する。ここで、『法華経』の菩薩は第一類から大きな転換を遂げる。第一類の菩薩は、他者なしではありえない存在ということであった。ところが、第二類では、菩薩はそれだけではだめだという。菩薩が菩薩たりうるためには、死者との関わりが不可欠である。

これは驚くべきことであり、容易には納得がいかないかもしれない。人は他者なしには生きられない、ということはまだ理性で考えても承認できる。しかし、どうして死者と関わらなければならないのか。宗教が「人の間」としての倫理を決定的に超えるのはこの点である。キリスト教もまた、十字架のイエスという死者を受け入れるところに成り立つ。それゆえ、死者とともにある存在としての菩薩は、それまでの菩薩そのままではありえない。新たな菩薩が出現しなければならない。それが従地涌出品の課題である。ここに出現する新たな菩薩が、地より涌出した地涌《じゆ》の菩薩である。彼らは、釈尊が成仏して以来、この世界で教化してきた菩薩たちである。

　釈尊が過去世以来教化してきたということだけであるならば、第一類の舎利《しゃり》弗《ほつ》たちも同じである。それならば、地涌の菩薩だからといって、特別違いがないことになろう。改めて新たな菩薩たちが地から涌出する必要はないかのように思われる。実際、僕は地涌の菩薩をそれまでの菩薩と別の存在と見るのは不適切と考える。同じ舎利弗たちであってよいのであり、また、われわれも同じ菩薩である。ただ、第一類のときと、菩薩の性質が違っているということである。菩薩たることの本質に転換が起こっているのである。それを新たな菩薩の出現として表したのである。

　こうして、見宝塔品、従地涌出品の前提の上に、はじめて如来寿量品が成り立つ。ここで釈尊は、「我れ実に成仏してより已来《このかた》、無量無辺百千万億那由他《なゆた》劫《こう》なり」と、永遠に近い過去にすでに成仏していること（久遠実成《くおんじつじょう》）を明らかにする。これこそ、古来『法華経』

本門の根本真理とされてきたものである。しかし、僕は先に述べたように、如来寿量品だけでは成り立ちえないと考える。まず見宝塔品による死者との共同性の確立の上に立ち、従地涌出品による菩薩の観念の根本的な転換を経たとき、そこになりたってくる強力な他者=死者の姿を如来寿量品の久遠実成の釈尊と解すべきである。

それゆえ、その釈尊の姿は、絶対者としての仏であるとともに、他者=死者の極限的な形態であり、その点からいえば特殊な存在ではない。死者は生者以上に恐るべき他者であり、われわれを圧倒して、関係を迫る。死者に畏怖を抱きながらも、その死者を受け入れ、死者とともにあることに納得したとき、はじめてそこに、今まで見えなかった新しい世界が開かれてくるのである。

第22章　死者と関わる

†田辺元の「死の哲学」

田辺元《たなべはじめ》（一八八五―一九六二）というと、京都学派の哲学者として、先輩の西田幾多郎を批判しながら、独自の哲学を展開したことで知られる。はじめ新カント派的な立場の科学哲学から出発し、西田批判から、西田の弱点である国家や倫理の問題に思索を深めた。しかし、戦争協力に挫折して宗教に心を寄せるようになる。それまでの哲学体系をご破算にして、親鸞の信仰に心を寄せた『懺悔道の哲学』（一九四六）は、戦争への懺悔の風潮と相俟《あいま》って大きな影響を与えた。

田辺はその後も、キリスト教に共感したり、また、禅に近づくなど、晩年は宗教哲学を深めた。しかし、西田の禅体験のようなしっかりした宗教的基盤がなく、仏教とキリスト教の間を揺れていたこともあって、その宗教哲学は必ずしも十分に評価されていない。とりわけ最晩年に主張した「死の哲学」は、まさしく死者との交流をはじめて哲学的に確立した画期的な成果であるが、それが長く正当に評価されてこなかったのは、あまりに先駆的にすぎ、これまで死者の問題が無視され続けてきたからに他ならない。

田辺は、一九五一年に妻ちよを亡くし、「小生にとっても、死せる妻は復活してつねに小生の内に生きて居ります」（一九五六年二月十二日野上弥生子宛書簡）という経験の中から、死者の復活による死者との実存協同という思想を展開することになった。もうひとつ、田辺に死の問題を深く考えさせたのは、一九五四年のビキニ環礁におけるアメリカの核実験で第五福竜丸が被爆した事件であった。田辺には、「今日のいわゆる原子力時代は、まさしく文字どおり「死の時代」であって、「われらの日をかぞえる」どころではなく、極端にいえば明日一日の生存さえも期しがたいのである」（「メメント・モリ」）という深刻な時代認識があった。

哲学的には、田辺の課題はハイデガーを批判するところにあった。ハイデガーは、主著『存在と時間』において、死への先駆的決意によって人は本来性を取り戻せると主張し、大きな影響を与えた。しかし、そこでいわれているのは、あくまで自己の死である。だが、すでに述べたように、自己の死は経験しえないものであり、経験しうるのは「死に向かう生」という事態でしかない。いくら「先駆的決意」をしたところで、死は生きている限りは行き着くことのない、断絶された向こう側の事態でしかない。

それでは死—復活などという宗教的な問題は、しょせんはたわごとにすぎないのであろうか。そうは言えない。死者がその存在を失っても、死者との関わりは消えることはない。

それこそ、死して復活するということではないか。そうとすれば、それを説明できる哲学理論が必要となる。それが田辺の「死の哲学」である。

田辺は言う。「自己のかくあらんことを生前に希って居た死者の、生者にとってその死後にまで不断に新にせられる愛が、死者に対する生者の愛を媒介にして絶えずはたらき、愛の交互的なる実存協同として、死復活を行ぜしめるのである」（「生の存在論か死の弁証法か」）。

死者の愛は、死してなお生者の上にはたらく。それを生者は受け止められなければならない。田辺はその好例として『碧巌録』第五十五則を取り上げる。それは、生死に関する師の道吾《どうご》の教えを理解できなかった弟子の漸源《ぜんげん》が、道吾の没後も道吾の教えに導かれ、やがて悟るにいたったという話である。道吾の慈悲は、死後もなお弟子を導いてやまなかったのである。

田辺の死者との実存協同という思想は、やや美化しすぎているところがあり、実際には死者との交流はそのようにきれいごとではいかない。しかし、そうした欠点を含みつつも、従来顧みられなかった死者との交流という問題を正面から哲学の場に載せたことは、画期的なことであり、時代の先駆者であった。

†仏壇に手を合わせるのは何のためか

しかし、哲学的には問題として取り上げられなくても、実際には死者との交流は日本の仏教の中で生きていたことである。たとえば、仏壇というと、多くの日本人は、亡くなった家族の位牌を置き、祀る場であると考えているであろう。僕も若い頃素朴にそう考えていた。ところが、ある僧侶の方から、仏壇はあくまで本尊である仏を祀る場であり、祖先崇拝の場とするのは間違っていると聞かされた。ちょうど仏教学を学び始めた頃であり、なるほどそういうものかと納得した。

しかし、最近になってみると、はたしてそうだろうかと再び疑問に感ずるようになった。僕はいま夫婦ふたりで小さなマンションに住んでいるので、仏壇というようなものはない。小さな仏像を安置しているだけである。しかし、実家に帰って仏壇に手を合わせるとき、本尊に対して手を合わせているという感じではない。両親は健在であるから、位牌のあるのは祖父と祖母であるが、祖父は私が幼い頃になくなっているので、あまり記憶がない。祖母には可愛がられたおばあちゃん子だったから、実家に帰って仏壇に手を合わせるときには、祖母のことを思い、祖母を懐かしんで挨拶するという感じが強い。妻のほうは父親がなくなっていて、妻の実家に行って仏壇に手を合わせるときは、やはり義父に挨拶するという気持ちになる。

それはおかしいといわれるかもしれないが、そういう日本人は少なくないであろう。それを間違いだと切って捨てられても、現にそういう感覚があるのはどうしようもないし、別にそれで悪いことをしているとも思われない。死者を大事にするのが、どこが間違っているのだろうか。死者の位牌は添え物だとするほうが、よほど死者を冒瀆することになるのではないだろうか。

†死後の霊魂をどう考えるか

宗教人類学者の佐々木宏幹《こうかん》の著作（『仏と霊の人類学』春秋社、一九九三）に、興味深い実話が引かれている。著者がある県の曹洞宗宗務所が主催する寺院護持会の研修会に講師として招かれた折、話が霊魂の問題になった。宗務所長は、仏教ではもともと霊魂の有無にはこだわらないが、日本で死者儀礼が積み重ねられてきたことを考えると、死後の霊魂を一概に否定しきれないという意見であった。ところが、副所長がそれに反論し、霊魂の存在を認めるのは実体論であり、仏教ではない外道の見だと断じた。そこで司会者から意見を求められた佐々木氏が、「両方とも本当です」と述べたため、会場から笑いと拍手が起こり、それで収まったというのである。

日本の仏教におけるこの二面性はつねに問題にされるところである。仏教の無我の原理からいえば、副所長の主張のほうが正しいといえるかもしれない。しかし、現実に日本では葬式仏教が行なわれており、それを否定することはできない。最近の研究では、日本のみならず、インドや中国でも仏教は早くから死者儀礼に関与していることがわかってきている。そうとすれば、所長の説のほうが現実的である。

だが、それならば「両方とも本当」といって済ませてよいものであろうか。それが日本の習慣だからと、根拠もはっきりしないご都合次第の儀礼を行ない、それで高額のお布施を取るとすれば、詐欺であり、いかがわしい宗教でしかない。そして、何よりも、これまた死者へのとんでもない冒瀆である。死者はそれほど軽々しく扱われてよいものではない。

†葬式仏教は死者との関わりにおいて特別な位置にある

先に僕は葬式仏教を肯定し、そこから出発すべきだと論じた。しかし、そのことは、現在の葬式仏教をそのまま認めて、慣習どおりやっていればよいということではない。現状に居直り、死者を食い物にするだけの宗教ならば、存続する価値などない。葬式が大事なのは、そこでこそもっとも濃密に死者と関わり、死者と共なる空間が開かれるからである。生者の利害や都合で勝手に動かされてよいはずがない。

先に述べたように、宗教の根源は他者と関わり、さらには他者の中でももっとも他者たる性格の強い死者と関わるところにある。そこに拠点を築くことで、はじめて人は固定化した「人の間」の倫理を突き抜け、本当に生きる力を獲得することができる。そのことは『法華経』を読み解くところから明らかにされた。とするならば、少なくとも大乗仏教の原点には、死者との関わりから出発するという発想は十分にあった、あるいは少なくとも可能性としてはありえたと考えなければならない。

それゆえ、再び死者の問題に戻るならば、ここで大事なのは客観的に死後の霊魂がどうか、というような知的レベルの問題ではない。「人の間」のこととして、決まった枠に守られているかに見えるわれわれの日常は、じつはそれほど安定したものではなく、つねにその枠を逸脱する。そこで、他者と関わり、死者と関わる。死者との関わりは強烈な事実であり、客観的に証明すべき問題ではない。その関わりを原点として出発することはできないか、というのが、いま僕が試行錯誤しながら求めている方向である。

したがって、それは葬式仏教を方便として認める、というのではない。そうではなく、葬式仏教を唯一の出発点として、宗教の問題を考えていこうというのである。あるいは、こういうこともできる。日本の仏教がもっとも宗教の根本の問題に迫ることができるのは、葬式仏教として、死者との関わりをもっとも強く持つことができるからだ、と。死者との関わりという点で、日本の仏教はきわめて有利な位置にあるということができる。

もちろん、自分はそんなに死者との関わりを切実に感じない、という人もいるであろう。というか、多くの人はそうであろう。死者の問題をいつも考えているほうがおかしいといえるかもしれない。ただ、そうであっても、それでは人は死者とまったく無関係に生きられるかといえば、そうはいかない。それならば、逃げるのではなくて、正面から真向かってみる他ない。

第23章　死者が生者を支えている

†自らの死の問題から死者の問題へ

自らの死の問題はもちろん重要であるが、それはいまだ経験していないことであり、推測することしかできない。未経験のことに情報を与えてくれるのは、それについて経験した人であるが、死に関していえば、当然死者ということになる。自らの死の問題に先立って、死者の問題が大きくクローズアップされなければならない。

死者の問題というと、ただちに死者供養のこと、とりわけ、葬儀や墓がどうなるかということや、戦争や大規模な災害の被害者の慰霊などが、今日大きな問題になっている。もちろんそれらは重要な問題であるが、しかし、それだけであるならば、生者が死者をどのように扱うかという次元でも理解できるから、「人の間」のルールの範囲内でも考えられないわけではない。自然葬や自らの墓地に関する態度決定なども、必ずしも死と死者に関する根源的な問題設定にもとづいているとは限らない。

しかし、「人の間」のルールの底にはそのルールでは解明できないものがあり、死者との交流はまさにその次元の問題である。死者の語りは、公共の次元、すなわち「人の間」を逸脱している。合理的な原理で説明可能な問題ではない。にもかかわらず、「人の間」の関係を根底において揺るがす力を持っている。

†存在する死者がこの世の秩序を支える

死から死者へと問題をシフトすべきことを主張した注目すべき説として、前章では田辺元を取り上げた。ここでは精神医学の立場から、渡辺哲夫《わたなべてつお》の『死と狂気』（ちくま学芸文庫、二〇〇二。原著は一九九一）を取り上げてみたい。渡辺は精神病理学者であるが、本書は狭い精神病理学の本ではない。著者は言う。「死の問題は哲学に委託された。死者の問題は宗教に委託された。そして狂気の問題は医学に委託された。……ただ、哲学以前、宗教以前、医学以前の学問的立場に戻って、狂気の中の死、狂気にとっての死者という難題を考えてゆきたいと思うのである」（同、一一頁）。

今日の学問はあまりに分化しすぎてしまった。そして、「人の間」で通用する言葉の範囲でのみ、語り議論することが許される。宗教もまた、本来持っていた強烈な破壊力を失い、「人の間」で飼いならされてしまった。それからの逸脱は、オウム真理教の事件のように突発し、叩かれて終わる。しかし、本当に根源的な問題は、そのように分化して、ひたすらおとなしく聞き分けのよい宗教や哲学・科学の中に求められるものであろうか。宗教・哲学・科学などが分化して整理される以前に立ち戻らなければならないのではないか。

渡辺は、その根源を求める手がかりとして、死者の問題を取り上げる。なぜならば、「死は経験できない。しかし生者は死者を経験できるからである」（同、九頁）。氏は重篤な統合失調症（精神分裂病）の患者の治療に長年従事し、とりわけ、自分の親や子供を殺してしまった悲劇的な患者に関わってきた。その中で、そのような精神的疾患の患者は、死者を適切に死者として認識できていないということに気がついた。死者たちこそがわれわれの世界を支えているのであるが、それをきちんと認識できなくなると、狂気に陥る。死者はそれほど重要な役割を果たしている。

渡辺はまた言う。「死者たちは生者たちの世界を歴史的に構造化し続ける、死者こそが生者を歴史的存在たらしめるべく生者を助け支えてくれているのだ」（同、三三頁）。それは具体的にどういうことであろうか。「この世の人間の生活に必要な一切のものは、死者から賦与されている。宗教、法律、慣習、倫理、生の意味、物の意味、感情、そして何よりも言葉を、われわれは無名かつ無数の死者たちに負うている」（同、三三頁）。

確かに、われわれの世界は先人たちが築いてきたものだ。しかし、それだけならば、死者が過去に生者としてあったときになしたことの上に、われわれの生があるということではないのか。先人のなしたことを尊重し、それを記憶するということで十分ではないのか。それは死者がいま存在し、はたらいているというのとは違うのではないのか。

渡辺は、そうではないと言う。「記憶としての死者と存在する死者を二種の異なった考え方として同じ次元に並置することなどできない。死者の存在、存在する死者こそ絶対的かつ先行的な事態なのである」(同、七九頁)。これは非常に重要なことである。

†死者の力を忘れるとき生者の傲慢が始まる

渡辺の著作から離れるが、たとえば、殺人ということを考えてみよう。合理的に生者だけの世界を考えるならば、死者はすでに過去の存在であり、いまは存在せず、その記憶が残るだけだ。それならば、その人を殺した責任はどうなるのか。記憶にしか残っていない過去の存在に対して、今現在責任をとる必要などないではないか。

それに対しては、遺族に悲しみや損失を与えるのだから、そのことに対する責任はあるではないか、といわれるかもしれない。しかし、それならば悲しむ遺族がいない人は殺してもよいのだろうか。もしそうとすれば、今日しばしば起こるホームレス殺人は是認されてしまう。

あるいはまた、殺人は社会の秩序を乱すから許されない、という考え方もある。無制限に殺人を許せば、社会は大混乱に陥るし、自分自身もまた生命の危険にさらされる。だから、殺人は認められず、厳しく罰せられる。「人の間」で考える限り、これがもっとも納得がいく理屈である。その場合には、逆に社会の秩序を守るための殺人、すなわち国家による死刑や、場合によっては戦争の殺人は認められることになる。テロとの戦いのために、民間人が犠牲になってもやむをえない、というのは、この理屈による。

実際、アメリカ軍はイラクで無差別的に民間人を殺しているし、日本もまた、自国の民間人を見殺しにしようとした。それは結局、どんなに殺しても死者は過去の存在になるだけで、それによって「大義」が成り立ち、面子が保たれればそれでよい、という発想だ。生者の範囲だけで見るならば、それもひとつの考え方かもしれない。もちろんそれは犯罪として裁かれることはない。

もう少し宗教的というか、形而上学的な発想もありうる。生命の尊厳という考え方で、それを犯す殺人は認められない、というのである。しかし、その場合も、殺された人はもう過去の存在であるから、そこにはもはや生命の尊厳はないことになり、この場合も現在において過去の犯罪が裁かれる必然性はないことになってしまう。

死者は過去の存在であり、今現在はもはや生者の記憶の中にしか存在しないという発想は、きわめて合理的で適切なように見えるが、こう見てくれば、じつはそれほど単純にいかないことがわかる。死者は今現在、生者の世界と関わり、その秩序を維持し続けているのだ。死者は生者を温かく見守り、あるいは厳しく糾弾する。その死者の力を忘れるとき、生者は生者のみで生きていくことができるかのように思い込み、生者の傲慢が生ずる。

このことは、時間論的にいえば、過去は単純に過ぎ去ってしまったものではないということである。時間は決して過去から現在、そして未来へと直線的に流れていくものではない。時間を直線的に把握できると考えるのは「人の間」のルールにすぎない。過ぎ去ったはずの過去はじつは過ぎ去ることなく立ち止まり、現在の中に流入し、現在に甦る。現在を支え、あるいは現在を侵食する。

渡辺によれば、狂気において死者はほんとうに死者となりえないという。氏が取り上げる一郎(仮名)は、父親を殺したが、そのことの記憶がないわけではない。「一郎は瀕死の、あるいは死の直後の亡父のありさまを克明に回想している」(同、八〇頁)のであり、むしろ記憶ははっきりしすぎている。ところが、「これは結局のところ、瀕死の亡父の肉体あるいは死体の知覚の回想であって、死者としての亡父はついに現われることがない」(同)。すなわち、亡父は「生者から死者へと反転しなかった」(同)のである。

†死者の語りえない言葉に耳を傾ける

渡辺の論はさらに展開していくが、スペースも限られているので、これ以上立ち入らない。ともあれ、ここまでの考察から、死者こそが生者の「人の間」の秩序を支えていることがわかった。しかし他方、死者は必ずしも秩序を支えるだけではない。死者は秩序を破壊する強烈な力をも持つ。

かつて人々は死者を畏れ、死者を鎮めることに心を砕いた。生者と死者は単純に馴れ合うことのできない緊張関係にある。死者は他者の中でももっとも他者性の強い他者である。だが、合理主義の展開とともに、いつしか生者は死者を忘却し、死者の力を侮るようになった。死者の力などしょせん迷信にすぎず、幻想にすぎないと主張されるようになった。生者は生者だけで「人の間」の秩序を作れるかのように思い上がってしまった。今日、その思い上がりが厳しく糾弾されているのだ。

死者は決して通常の「人の間」の言葉では語らない。死者は沈黙を通してしか語ることができない。語りえない言葉、沈黙の言葉を聞き取るのは生者の務めである。しかし、死者の言葉を聞き取ったと思っても、それが生者の勝手な思い込みでないとどうしていえるのであろうか。死者の言葉と称して、じつは生者の自分勝手な欲望を語っているだけではないのか。

この疑問はつねに付きまとう。そして、それに対する客観的な判断基準はまったくない。もしかしたら、思い込みかもしれない。その畏れをつねに抱くからこそ、ますます虚心に死者の言葉に耳を傾ける他ないのだ。

第24章　戦争の死者たちは眠れない

†アウシュヴィッツとヒロシマ・ナガサキ

　イラク戦争が起こり、アメリカの力の「正義」が堂々とまかり通り、日本もまた嬉々としてそれに追随して自衛隊を派遣した。「良識派」といわれるような知識人がそれに反対しても、世論を納得させるだけの説得力はないようだ。

　戦争にも国際法にもとづいたルールがあり、アメリカのイラク侵略がそれに則っていないとは、多くの論者が主張するところだが、ルールなどいつでも変えられる。絶対不変のルールがあると思うほうがおかしい。ルールを作るのは強者であり、勝者である。しょせん、それは「人の間」のことなのだ。「民主主義国」アメリカが、ルール破りをするはずがない、などというのは、とんでもない幻想にすぎない。ナチスを産んだのは、史上でもっとも民主的といわれたワイマール憲法であったことを忘れてはならない。

　人は過去の過ちを反省し、理性的に行動し、次第に賢くなって、理想的な社会に近づく、などということを、今日誰も信じていない。ナチスの狂気が偶然的なものではなく、近代の合理的な啓蒙主義が産んだ必然の結果であることを明らかにしたのは、ユダヤ人哲学者アドルノであった。「アウシュヴィッツ以後に詩を書くことは野蛮である」と表明して大きな衝撃を与えたアドルノは、さらに、「アウシュヴィッツのあとではまだ生きることができるか」(『否定弁証法』)と、より根源的な問いを発した。

現代の問題を考えるのに、アウシュヴィッツの死者たちを抜きにすることはできない。しかし、これまでいろいろな方と議論した経験からいうと、アウシュヴィッツの問題を取り上げたとたんに、沈黙が襲い、それから、「そんな極端な話をしなくても」といって話をそらされる。僕自身、アウシュヴィッツに行ったことがあるわけでもないし、それについてとくに詳しい知識を有するわけでもない。しかし、アドルノの問題を受けるならば、アウシュヴィッツは決してナチスとユダヤ人だけの特殊な問題ではない。現代という時代に大きく覆いかぶさってくる問題である。

アウシュヴィッツが、他の戦争の残虐と区別される特殊性は、それが優生思想にもとづいて、完全に計画的に、科学的な方法を最大限用いて一民族の壊滅を図ろうとしたことである。それは、戦争のドサクサの中で起こった偶発的な虐殺とはまったく異質のものであり、それ以前の時代にはありえないことであった。

アウシュヴィッツと対応するものがヒロシマ・ナガサキの原爆である。アウシュヴィッツが、一民族の優生学的な除去という目的から発したものであるのに対して、原爆は、戦争終結という目的もさることながら、近代科学が到達した極限の武器である核兵器を試してみるという無差別的な人体実験であった。その意味で、アウシュヴィッツ以上に近代的、合理的な科学が到達した輝かしい成果であり、必然的な結果であった。

アウシュヴィッツやヒロシマ・ナガサキはもう過去のことで、現代の問題でないかのように思われがちである。しかし、それは間違っている。アウシュヴィッツやヒロシマ・ナガサキから現代が始まったのである。たとえば、科学的な優生思想は、現在では科学の最先端として遺伝子レベルの操作に集約されている。また、出生前診断による障害児の除去も、すでに歯止めがかけにくい段階にいたっている。それがナチスのしたことと直接結びつくとはいわないが、無制約に極端化すれば、ナチスの仕業に近づくものといっても、必ずしも間違いではないであろう。

また、核兵器は一見凍結されているように見えるが、劣化ウラン弾のように薄められた形で蔓延し、化学兵器もどんどん開発されていく。原子力発電の使用済み核燃料の問題も解決しないままに、ツケは未来に回されてゆく。

もっとも合理的で人類に幸福をもたらすはずだった科学が、逆に最大の悲劇の根源となっている。アウシュヴィッツやヒロシマ・ナガサキはその原点であり、オウム真理教事件でさえ、その矮小化されたパロディにすぎない。一時期、「歴史の終わり」というフレーズが軽薄にもてはやされたが、本当の意味での歴史の終わりは、アウシュヴィッツであり、ヒロシマ・ナガサキであったといっても間違いでない。

†記憶の倫理

アウシュヴィッツとヒロシマ・ナガサキは、宗教に関しても大きな衝撃を与えた。虫けらのように殺された大量死は、従来の宗教への信頼を失わせることとなった。二〇〇三年十一月に、僕の所属している東京大学文学部では「死者と生者の共同性」という総合シンポジウムを行なったが、そのときには、先にその著書を引用した渡辺哲夫とともに、アリゾナ大学のジェームズ・フォードを招待して、発表をお願いした。

フォードは長年宗教学の立場から、ヒロシマと仏教の関係を研究してきておられるが、このときの講演では、アウシュヴィッツとヒロシマの場合をくらべ、どちらも従来の宗教の枠組みではその苦難を説明することができず、宗教的な面でも危機的な状況を生じたことを論じられた（このシンポジウムでのフォードや渡辺の発題は、『死生学研究』二〇〇四年秋号に掲載された）。アウシュユヴィッツの場合でいえば、これまでユダヤ人の苦難は神の試練として受け止められていたが、それは民族の存続を前提としており、民族自体が消滅させられるとしたら、そのような説明は意味を持たなくなってしまう。また、ヒロシマのように、遺体の判別もできないような多数死では、従来の日本の死者供養が通用しなくなってしまう。

そのような状況で、フォードは、アヴィシャイ・マルガリットというイスラエルの倫理学者の著書『記憶の倫理』(Avishai Margalit, *The Ethics of Memory*, Harvard University Press, 2002) に依拠して、新しい倫理の構築を図ろうとしている。マルガリットの両親はパレスチナにいて難を逃れたが、ヨーロッパにいた親類はすべてナチスの犠牲になったという。その中で、彼は宗教に頼らずに、アウシュヴィッツ以後の倫理がいかにして可能かを追究している。フォードに導かれて、僕ははじめてマルガリットの著作に触れたが、今日の倫理を考えるうえで、きわめて深刻で、かつ重要な問題が扱われている。

マルガリットは、宗教に替わるべきものとして「記憶」の重要性を取り上げる。記憶は個人だけでなく、集団の記憶もありうる。その問題を考える際、マルガリットは「倫理」と「道徳」を区別する。「倫理」は「濃い人間関係」の間に成り立つものであり、それに対して「道徳」は「薄い人間関係」の間で成り立つ。「濃い人間関係」というのは、両親、友人、恋人、同郷人のような感情を共有できる関係であり、「薄い人間関係」はより抽象的な関係で、その極限は「人間性」にもとづく人類の共同体が考えられる。記憶は、「濃い人間関係」の中で共有され、継承される。それが閉鎖された空間とならず、「倫理」の領域をどのように広げながら継承していけるか、ということが大きな課題となる。

マルガリットは、あくまでも一般論としての倫理の可能性を論ずるが、その底にはホロコーストの記憶が、どのようにしてユダヤ民族という共同体の記憶として、その倫理の基礎となり続けうるのか、というきわめて具体的な問題がある。記憶は楽しい記憶よりも、苦難の記憶のほうが痛切に刻印される。その記憶を継承していくとき、はたして罪を許すことができるのかという問題、あるいは、もし記憶するにも関係者がすべて死滅するような事態であればどうしたらよいのか、というような難問が次々に問われてくる。

†生者の記憶の継承のみで倫理を生み出せるか

マルガリットの本にこれ以上立ち入るのは避けるが、ともあれ徹底して宗教に依拠しないで、ホロコーストの記憶を生き抜き、そして未来につないでいこうという強い意志と、厳しい倫理観に圧倒される。あくまで生者の記憶だけを頼りに、それを継承していく中でのみ倫理が生まれてくるというのである。それは、われわれ日本人には到底近づきがたい厳しさである。

それを安易に批判することは慎むべきであるが、はたして生者の記憶の継承だけで、本当に死者たちを受け継いでいけるのだろうか、という疑問は率直に提示されうる。生者の力をそれほど信頼してよいのであろうか。あるいはまた、死者はまったくの過去の中に葬り去られてよいのであろうか。生者の記憶にしても、それを生者だけで維持していけるのであろうか。苦しみ死んだ死者が力を与えてくれなければ、生者だけでなしうることは本当にわずかしかないのではないか。

広島の平和公園の中心には原爆死没者慰霊碑があり、そこには「安らかに眠ってくださ い 過ちは繰返しませぬから」という有名な文句が刻まれている。死者に向かって、過ちをくり返すまいという生者の宣言は、きわめて重いものがあり、その前に立つものを粛然とさせる。しかし今日、はたして死者に安らかに眠っていてもらってよいのであろうか。過ちが次々とくり返され、しかも次第にひどくなってきていることは、あまりに明らかである。死者に眠っていてもらい、生者だけで過ちをくり返さないようにすることが可能と考えたのは、いささか楽観的すぎたのではないのか。

弱い生者は、放っておけば、どんなに愚かなことでも、残酷なことでも、またまた性懲りもなくくり返し、それればかりかエスカレートしてゆく。それを押し止めてくれるのは、苦しみ死んだ死者たち以外にはいない。ヒロシマの風化が伝えられて久しい。生者の記憶だけに依存する限り、どんどん風化していくのはどうしようもない。死者たちの声に耳を傾け、死者たちとともに歩むことができなければ、生者の荒廃はとどまるところを知らない。

第25章　死者なき倫理の限界

†「世界市民」としての倫理は可能か

前章で取り上げたマルガリットは、宗教に頼らない倫理の構築を目指して、記憶という問題にいたった。それとは別の形で宗教なき倫理の構築を図っているものとして、ここでは柄谷行人《からたにこうじん》『倫理21』（平凡社ライブラリー、二〇〇三）を取り上げてみよう。柄谷は、同じように宗教抜きの倫理を提示しながら、マルガリットとはほとんど正反対の立場を示す。マルガリットが、「濃い関係」の倫理と「薄い関係」の道徳を分けたのと同様の区別を柄谷もするが、やや用語が違っている。「道徳という言葉を共同体の規範の意味で使い、倫理という言葉を「自由」という義務に関わる意味で使います」（同書、一五頁）。柄谷の用語では、「濃い関係」のほうが道徳で、「薄い関係」に適用されるのが倫理ということになる。これは用語上の混乱を招くので、ここでは倫理と道徳にとくに区別はしないことにする。それはともかく、柄谷は「濃い関係」を重視するマルガリットと逆に、共同体に縛られず、人間としての自由を追求するカント的な倫理の立場に立とうとする。

人は自由である。どれほど決定論的な必然性があったとしても、だからといってある行為をなしたのはその人が自由であったからであり、だからこそ責任を問われることになる。社会が悪いから罪を犯したのかもしれない。それでも、犯罪に走るか走らないかは本人の自由な決断によるのであり、だからこそその責任が問われることになる。それはまさしくその通りで、「人の間」のルールとして通用する限り、まったく正しい。しかし、僕が問題にしてきたのは、そのルールだけで済むだろうか、ということであった。どんなにルールが立派でも、それが実現できないのでは仕方ない。

柄谷は、カント的な「世界市民（コスモポリタン）」の立場から倫理が成り立つとする。国家や民族を超えたひとりの人として責任をとること、それが柄谷の倫理の立場である。国家も、あくまで責任の主体として存在するのであり、利害や感情で動かされてはならないとする。それは本当に立派である。柄谷のような立派な人ならば、世界中どこに行こうが、まったく偏見なく、同じように理性的に責任を持って対応できるのかもしれない。しかし、そんな立派な人が、いったいどれだけいるであろうか。

ふつうの人ならば、まず感情や利害で左右されるのではないだろうか。そして、すべての人に対して同じように対処しなければならないといわれても、身内などの「濃い関係」のことがまず考えられるのではないだろうか。イラクでどんなに人が殺されようが、確かにそれで心を痛めるかもしれないが、会社や家庭の些細なできごとのほうが、よほど深刻に身に迫って感じられるであろう。極端にいえば、テレビでイラクの惨状に眉をひそめても、すぐに忘れて、「今晩の夕食のおかずをどうしようか」と思うのがふつうではあるまいか。それが間違っているとはいえないと思う。

もちろん、イラクの惨状に心を動かされて、自らの生命の危険を顧みずにボランティアに進んで参加しようという人もいるであろう。それはそれでいい。それは必ずしも理性で判断されたことではなく、理性を超えて、どうしてもいたたまれないという思いに駆られてのことであろう。それは、いわばイラクの人たちと「濃い関係」に入り込むことになる。「濃い関係」を作る感情を無視して、人が理性で行動できると思うのは間違いである。

†「形而上的な罪」の危険

戦争の問題を論じる際、しばしば引かれるものに、ヤスパースの『戦争の罪を問う』がある。これは、第二次大戦後、ドイツ国民に向けて、どのように責任をとるべきかを論じたものであるが、その中で、四つの罪を区別している。刑法上の罪・政治上の罪・道徳上の罪・形而上的な罪である。罪というのは、責任と言い換えてもよいのであろう。その場合、第三までは〈人間〉の範囲に属するものとして理解可能であるが、どうしてもわからないのが第四の形而上的な罪である。

これは、「私が犯罪を阻止するために、自分でできるだけのことをしなければ、私にも罪の一半がある」（橋本文夫訳、平凡社、一九九八、四九頁）というものである。これは「世の中のあらゆる不法とあらゆる不正」に関する罪（責任）とされるから、その点で清沢満之の万物一体の責任論とよく似ている。清沢の場合に問題になったように、そんなことは有限の個人には不可能であり、清沢の場合、そこから一転して、弥陀に帰依することにより「無責任」に転ずることになった。それゆえ、「すべてに対する責任」を安易に適用することは非常に危険である。しばしば日本の論者が、無批判にヤスパースの「形而上的な罪」を振り回すのは、警戒しなければならない。

むしろ、〈人間〉の領域を否応なく超えさせるのは、理性で律することのできない感情である。それは、第三までの罪（責任）に対して、その上に同質的に加えられる第四の分類項ではなく、まったく性質を異にする。すなわち、第三までは理性で判断でき、その当否を公共的に論ずることができるのに対して、第四はもはやそのような公的な議論の場にのぼらない非合理的なわけのわからないものである。まさにそれは、倫理ではなく、超・倫理の問題である。

先に、『孟子』に出る斉の宣王のエピソードに言及した。生贄の牛が引かれてゆくのを見て、宣王はなぜかわからないが、心が落ち着かず、牛を助けて羊を生贄にする。理性で考える限り、牛を殺すのも羊を殺すのも同じはずである。それなのに、目の前におどおどとした牛を見れば助けたくなり、見ていない羊ならばいいだろうということになる。「見る」ことを通して、無関係であったはずの牛が、かなり濃い関係にまでなってしまうのだ。

他人の子供が誘拐されれば、気の毒とは思うだろうが、自分の子供が誘拐されたときとくらべれば、その感情の深さはまったく違うのが当然であろう。その違いを無視した理性主義はまったくナンセンスである。理性ではなく、関係の濃さによる感情が問題である。その点で、マルガリットの論は非常に説得力があるように思われる。

†まだ生まれていない人と死者とは同等でない

柄谷は、死者との関係ということの重要性をいう。その点では、僕もまったく同意したい。「死んだ人たち、あるいはまだ生まれていない人たちとは、対話さえもできません。彼らとの関係の非対称性は、けっしてくつがえせない。その意味で、彼らこそ、まさに典型的に、「他者」であるというべきです」（柄谷、前掲書、一一二頁）。

しかし、この柄谷の説はいささかおかしい。「死んだ人たち」と「まだ生まれていない人たち」とが同格で扱えるであろうか。「死んだ人たち」は固有名を持ち、個別性を持つ。どんなに歴史のなかに埋もれて、名前さえもわからなくなったとしても、個別的なひとりの人間として、現世で活動し、そして死んでいったことに変わりはない。また、身近な死者のように、ある特定の死者との「濃い関係」がありうる。

それに対して、「まだ生まれていない人たち」は、妊娠中の胎児を除けば、特定の個別性を持たず、名前を与えることもできない。したがって、具体的な「濃い関係」を構成しえない。それゆえ、「死んだ人たち」と「まだ生まれていない人たち」とは非対称であり、同等に並列できない。「対話ができない」という場合も、死者と対話ができないということと、「まだ生まれていない人たち」と対話ができないということとは、まったく意味が違う。もちろん「まだ生まれていない人たち」との関わりがないというのではない。それならば、自分が死んでしまえば、後はどうでもよいということになる。そうではあるが、少なくとも過去と未来は同格ではない。

いささか柄谷の論にこだわることになったが、要するに現世内の〈人間〉の倫理道徳を優越するものと考えるか、それともその限界を見極め、その枠内で解決できない問題のあることを認めるか、ということは決定的に大きな問題である。それは、明治時代の「教育と宗教の衝突」論争以来、今日まで引きずってきている問題である。

†宗教を当然の前提とはしない

以上の考察から、宗教に頼らずに倫理道徳を築こうという立場には、あくまで理性的な倫理道徳ですべての問題が解決するという立場（柄谷）と、理性的な立場では解決できない感情を重視しながらも、宗教に頼らない立場（マルガリット）とがあることがわかった。それに対して、僕はただちに宗教を持ち出すことをせずに、慎重に死者との関わりというところから考察を進めてきた。

このことは非常に重要なことと考える。宗教に関わる人は、あたかも宗教が当然の前提であるかのように考え、自分の信仰を問いなおすということをしない。それでは、確かに信者たちのグループ内では話が通ずるかもしれないが、そこから一歩外へ出たらもう通用しないことになってしまう。坊さんや牧師さんの説法はありがたそうだが、あまり世間とは関係ないということになってしまう。それで自己満足しているのならば、それでも結構である。しかし、自分自身の立場を疑わず、鍛えなおすことをしないということは、結局硬直した教条主義に陥ることでしかないことは肝に銘じておかなければならない。

それと関連して、もうひとつ重要なことは、唯一の正しい立場というのはありえないということである。僕は僕なりにもっとも納得できそうな道を模索しているが、それを唯一正しいものとして主張することはできないし、するつもりもない。理性の通用しなくなる領域では、自らの感性・感情を最大限研ぎ澄ませて、導きの糸として進むしかないが、それが正しいかどうかは、誰にもいえないのである。

第26章

ヒロシマ・ヤスクニを問いなおす

†ステレオタイプな二項対立図式

戦争と宗教というと、何といっても日本では靖国神社の問題が大きく取り上げられなければならないであろう。靖国というと、首相の公式参拝の是非とか、それに対するアジア諸国、とりわけ中国の反発などが問題にされ、あたかも政治外交問題であるかのような印象を与えがちである。そこから、首相が参拝しても文句の出ない無宗教の新しい追悼施設の創設などということが、大きな可能性として議論されることになる。しかし、靖国神社がもともときわめて政治的な意図を伴っていたとしても、あくまで神社として宗教施設であり、死者を祀る場である。そのような観点を忘れるならば、靖国問題の本質を見失うことになるであろう。

靖国神社は、もともと戊辰《ぼしん》戦争のときの官軍側の戦死者を祀った招魂社《しょうこんしゃ》に由来し、明治十二年(一八七九)に靖国神社として別格官幣社《べっかくかんぺいしゃ》に列せられた。とりわけ日清・日露戦争以後、対外戦争での戦死者を祀る場として、軍と深く結びつき、戦意高揚の役割を担うことになった。このことは、とりわけ多数の戦死者を出した昭和の戦争期にもっとも大きくクローズアップされ、それが戦後に尾を引くことになったのである。

このように、靖国神社は戦争と深く結びつき、また国家神道のシンボル的な役割を果たしてきた。そのため、戦後においても、靖国賛成派の右翼や保守派と反対派の左翼や進歩派が対抗するという、きわめてステレオタイプ化した二項対立構図が作られ、その宗教的な本質に立った創造的な議論がなされてこなかったように思われる。また、あくまで神道の問題と考えられ、仏教などそれ以外の宗教とは無関係のように思われがちである。しかし、じつはそれほど単純ではない。

†靖国神社と死者との関係

まず注意されなければならないのは、神社とはいっても、古くからの神社とはまったく性格を異にした新しいタイプの神社だということである。そもそも古くは人が神となることはなく、したがって死者が神社に祀られるということはなかった。はじめて死者が神として祀られるようになったのは、平安時代のはじめであり、いわゆる御霊信仰《ごりょうしんこう》にもとづく。これは、政治的陰謀などによって不遇の死を遂げ、怨みを呑んで死んだ人が、死後疫病や天災をもたらしたため、その慰霊のために神と祀ったものである。菅原道真《すがわらのみちざね》を祀った北野《きたの》天満宮《てんまんぐう》をはじめとする天神信仰がその典型である。

その後、近世のはじめに人を神と祀る新しいタイプの神社が作られた。それは、豊臣秀吉を豊国神社《とよくにじんじゃ》に祀り、徳川家康《とくがわいえやす》を東照宮《とうしょうぐう》に祀ったように、政治的権力者を神と祀ったものである。それは権力者が死後もその力を保持し、子孫の繁栄と権力の維持を支えようというものであり、御霊信仰とはまったく異なっている。ただし、御霊信仰にしても、権力者を祀る神社にしても、神仏習合の性格が著しいことは注目される。

ところが、靖国神社は、このような過去の神社と性格を異にしている。その祭神は戦死者で、確かに戦争によって人為的に生命を絶たれたのであるから、怨みを持っていることもあるであろうし、政治的な意図で祀られたという点では、権力者を祀った神社と近いところがある。しかし、そうした要素はあるものの、基本的にはまったくふつうの国民であり、特別な御霊でもなく、権力者でもない。また、祭神が二百四十六万六千余柱にものぼるのも靖国神社だけであり、他の神社では考えられない。

このように、戦死者という限定はあっても、まったく普通の死者を祀っているという点で、靖国神社は葬式仏教の果たしている役割を取り込んだものということができる。もともと葬式儀礼を持たなかった神道は、江戸時代に仏教を廃して宗教として自立するために独自の葬式儀礼を作り、普及させようとした。これは神葬祭と呼ばれるもので、今日でも神道式の葬儀はその流れを受けている。

仏教が、死者との関わりを本来もっとも深く持ちながらも、それをあたかも恥ずかしいことのように隠して、死者の忘却の上に近代化を図ろうとしていたときに、かえって神道が積極的に死者との関わりを新しく作り出そうと努めてきたのである。今日、靖国神社ではみたままつりのときに盆踊りをも取り入れて、積極的に新しい死者との関係を作ろうとしている。

しかも、仏教が戒名に金銭で差別をつけて平気でいるのに対して、神道ではみな平等であり、靖国神社においても、一兵卒も将軍もまったく同じように祀られている。その論理からすれば、A級戦犯であっても差別はされないのは当然である。小泉首相が「死ねばみな仏」と言ったのは、神と仏の言葉の上での混乱はあるものの、その限りでは正しいと言わなければならない。

靖国神社は、官軍側や自国の戦死者だけを祀っており、それは偏っていて平等でないという意見もしばしば聞かれる。しかし、境内には鎮霊社という末社があり、一九六五年創建という新しいものではあるが、世界中の戦争の犠牲者のすべての霊を祀っている。この鎮霊社の役割を重視していけば、靖国神社の性格そのものも変わる可能性もある。

それゆえ、靖国神社といっても時代によって変わっていくものであり、教条的な賛成論や反対論で片づくものではない。仏教者にとってもそこから学ぶものもあるし、また他宗教のこととして背を向けるのでなく、その将来像に向けて積極的に対話を試み、関わっていく必要があるのではないだろうか。

†無宗教式の原爆慰霊

靖国神社が神道を正面から打ち出しているのにくらべて、原爆の慰霊が無宗教式で行なわれているのは対照的である。もっとも長崎に関しては、もともとキリスト教の迫害の地であり、浦上天主堂が原爆被災の象徴になっているように、キリスト教との関係が強い。また、いちはやく永井隆博士が、長崎の被爆は、神の摂理によるもので、犠牲者は神の祭壇に捧げられた犠牲の子羊であるという長崎燔祭《はんさい》説を提出した。それに対しては強い批判もあり、確かに問題はあるものの、ともかく原爆被災をキリスト教的に意味づけようとして、議論の緒を作ったという点では高く評価することができる。

ところがそれに対して、広島の場合、もともと安芸門徒《あきもんと》の強い仏教的な地盤があり、実際に被災者の慰霊に仏教が大きく関わりながら、長い間仏教は表面に出ることができなかった。表向きの顔はあくまで無宗教の原水爆禁止運動などの政治的な平和運動であり、それはそれで大きな役割を果たしたことは事実であるが、そのなかに政治的対立がそのまま持ち込まれたりして、いわば政治に踏みにじられる弊害もあったことも認めなければならない。また、政治的な平和運動が限界に直面しつつある今日、そのままでは広島の原爆体験そのものが風化してしまう恐れも現実の問題となりつつある。

すでに触れたように、その平和運動には、死者はあくまで過去の存在で、静かに眠っていてもらい、生者の力だけで平和が築けるかのような傲慢な錯覚がなかったか、今日もう一度謙虚に反省してみる必要があるのではないだろうか。ジェームズ・フォードの研究や近年刊行された新田光子の『原爆と寺院』（法藏館、二〇〇四）などによって、ようやく広島の慰霊に仏教が果たした役割が再認識されつつあるが、それが思想・哲学として確立されるには、まだ程遠いように思われる。

広島の平和公園の中央にあるシンボル的な存在である原爆死没者慰霊碑は、その前に立つとき、必ずしも死者と静かに語り合うのにふさわしい雰囲気ではない。遺族もむしろ被災者の遺骨を納めた原爆供養塔のほうに参拝することが多いと聞く。広島平和記念資料館の展示は確かに貴重ではあるが、やはり死者と語り合う場を提供してくれるわけではない。僕自身の経験でいえば、国立原爆死没者追悼平和祈念館の地下の追悼空間の何もないがらんどうが、意外に静かな瞑想を通して、過去と現在が一体化できる場所のように思われた。

†靖国に学ぶべきこと

二〇〇四年に公開された映画『父と暮せば』（井上ひさし原作、黒木和雄監督）では、原爆でなくなった父親が幽霊となって現れ、生き残った罪悪感に打ちひしがれた娘を勇気づけるという展開になっている。そこでは、これまでの公式主義的な平和主義ではなく、ようやく死者との対話の中から何が築けるかということが、正面から問題にされるようになってきている。これは頼もしいことと思われる。

死者と対話し、死者の助けを借りて生者のエネルギーにしようという点では、広島よりも靖国のほうがはるかに進んでいる。イデオロギーや宗教の違いを超えて、学ぶべきところには学ばなければいけないのではないだろうか。

赤紙で召集されたとはいっても、戦場で死んだ者はそれなりの覚悟は持っていたであろう。しかし、幼い子供たちをも含んで、まったく武器ひとつ持たない無辜の非戦闘員が、突然もっとも残虐な死を与えられ、生き延びたとしてもさらに原爆症で苦しまなければならなかった〈恨〉は、ある意味では靖国よりも大きいはずである。広島の死者たちが誰にも遠慮することなく立ち上がり、生者に手助けし、ともに歩めるようになれば、状況は大きく変わるはずである。そのような場を作り、可能性を開くのは、生者の側に課せられた義務ではないだろうか。

第27章　死者儀礼を見直す

†日本人の伝統的な死者観とその揺らぎ

柳田国男の『先祖の話』は、一九四五年の日本の敗戦の直前に書かれ、敗戦直後に刊行されたものであるが、日本の社会の急激な変化を見越して、イエにもとづいた日本人の伝統的な先祖観、死者観を書き残しておこうという目的で記されている。

柳田によると、日本において特徴的な死の見方に四点あるという。「第一には死してもこの国の中に、霊は留まつて遠くへは行かぬと思つたこと、第二には顕幽二界の交通が繁く、単に春秋の定期の祭りだけで無しに、何れか一方のみの心ざしによつて、招き招かるゝことがさまで困難で無いやうに思つて居たこと、第三には生人の今はの時の念願が、死後には必ず達成するものと思つて居たことで、是によつて子孫の為に色々の計画を立てたのみか、更に再び三たび生まれ代つて、同じ事業を続けられるもの、如く、思つた者の多かつたといふのが第四である」（六四・死の親しさ）。

すなわち、全体として、死者が生者の世界を遠く離れてしまわずに、比較的その近くにいて交流を持つという発想である。時代が変わり、社会が大きく変化した今日でも、このような観念はまだ生き続けているところがある。

柳田は、盆の行事の変遷をたどりながら、死者にもさまざまな種類があることをいう。第一に死んでから間もない新精霊、第二に次第に時がたち、個体性を失って祖先の中に融合したもの、第三に祀る子孫がいないために浮遊する霊である。その霊の性質によって、祀り方が異なってくるというのである。

このうち、第三は、戦争や大災害の死者など、今日大きな問題となっている。また、少子化により子孫の存続が必ずしも当たり前でなくなった現在、第三の類の死者が次第に恒常化してくることになり、イエの存続を前提とした柳田的な死者観は大きく変わらざるをえない。その点からいえば、第一、第二の死者のあり方も、イエ単位の祖先という発想は今日保ちがたくなっている。それでも、死者が個体性を持つか、それとも集合体に融合するか、ということは、やはり問題であり続ける。

渡辺哲夫は、個体性を持った死者を、融合体としての死者の「顔」であるといっている(『死と狂気』)。われわれは親しい死者を具体的に思い浮かべることができる。しかし、その具体的な死者の背後には、個体性をもって想起できない、無限の過去から続く死者の世界が広がる。「顔」というのは、レヴィナスの他者論の中で大きく取り上げられた問題であるが、渡辺は、死者の問題を提起したことにより、それを一歩進めたのである。

†曖昧な日本仏教の死者観

ところで、柳田は仏教によって感化される以前の日本の先祖観を明らかにしようとするあまり、仏教に対してはきわめて否定的な見方をしている。盆とかホトケとかいう言葉も、もとは仏教とは関係のない民俗に由来すると見て、そのことを論証しようとするが、これはやや無理が大きい。日本の民俗は仏教と関係しながら発展してきたところが大きく、両者を切り分けることは必ずしも容易でない。柳田のいうような先祖崇拝も、じつは葬式仏教によって形成されたところが大きい。

もちろんその際、仏教といっても教条的に固定した仏教の教理ではなく、日本の民俗に同化しながら仏教も変化してゆくのであり、民俗と仏教とは交錯しながら展開してきている。仏教と切り離された純粋な民俗はありえないし、民俗から切り離された純粋な仏教もありえない。したがって、日本の仏教の死者観は必ずしもインドや中国の仏教と同一ではないし、だからといって不純であるとか、間違いであるとかいうべきではない。

日本の仏教の死者観は宗派によって異なるように見えるが、必ずしもそれほど大きく異なるわけではない。多くの宗派では即身成仏的な立場をとり、死者はただちに仏になるとされる。浄土系のみが異なるように見えるが、真宗系は往生即涅槃《おうじょうそくねはん》と説くから、即身成仏とそれほど大きく異ならない。浄土宗のみが、死後に浄土で仏道修行を行なうというタテマエになるようである。

もっとも、葬儀の形式は各宗派ともきわめて整然と整えられているようであるが、死者観に関しては、必ずしもはっきりしないところがある。大部分の宗派では、即身成仏を説きながらも、同時に来世浄土的な見方もあるから、両者は重層している。また、即身成仏によってホトケになるとしても、究極の涅槃に達したブッダと同じなのかどうか、はっきりしない。さらに、涅槃に達したとすれば、一切平等になるはずであるが、その際、死者の個体性がどうなるのかも、はっきりしない。死者がホトケとなれば、死者のほうこそ生者を救う存在であるはずなのに、どうして生者の側が廻向《えこう》しなければならないのか、これもおかしい。また、死者がすべて往生・成仏するのであれば、輪廻を説く必要はないはずであるが、輪廻観も残存しているようである。

このように、日本仏教の死者観はきわめて雑然としている。チベット仏教が『死者の書』に見られるように、死後に関して明確な思想を打ち出しているのに対して、葬式仏教といわれる日本の仏教のほうが死者観に関して曖昧であるのは、いかにもおかしい。これは、葬式仏教といわれながらも、本当に葬式を重視し、思想の中核に据えているわけではなく、おざなりにされ、教理哲学上の真剣な問題とされなかったためではないかと思われる。

タテマエの哲学は輸入されたインド・中国の教学で済ませ、ホンネの葬式仏教は裏に隠しておくというのは、ちょうどタテマエ上は独身での修行主義をとりながら、実際は僧侶の妻帯が当たり前になってしまった日本仏教の実態とよく似ている。それでは日本仏教独自の哲学は育たない。

†近代の仏教思想家はなぜ葬式仏教を切り捨てたか

もっとも、そこにはやむをえない事情もないではない。近代になって、欧米の近代的合理主義が流入し、その強力な圧力の前で、日本の伝統思想や宗教は大きく改変されなければならなかった。仏教も葬式仏教であるよりは、現世の生者のための宗教として再編されることが要請された。近代を代表する仏教思想家たちにとって、いかにして現世の哲学・宗教として仏教を解釈しなおすかということが最大の課題となった。また、神仏分離に伴い、日本の土着の民俗性の流入は仏教にとって恥ずかしいことと考えられ、そのような曖昧さを除去した純粋な仏教哲学の構築に走ることになった。

たとえば清沢満之は、浄土教を死者のための宗教ではなく、絶対無限者である如来と有限者であるわれわれとの直接的な関係としてとらえなおそうとした。また、鈴木大拙は、旧弊にみちた寺院の禅を捨てて、居士禅《こじぜん》として禅を純粋化させた。さらに、日蓮主義の田中智学も、自ら還俗するとともに、家庭を基盤とした新しい仏教の構築を図った。こうして近代の先鋭的な仏教思想家たちは、葬式仏教を切り捨て、合理的な現世の思想として仏教を見直そうとしたのである。非合理的な曖昧さを含む密教的な要素は、神仏習合などとともに前近代的として退けられ、復権するのはようやく一九八〇年代になってからであった。

もちろん近代の中で苦闘した彼らの努力を決して否定するつもりはない。彼らによって、はじめて仏教は近代思想として甦ったのである。しかし同時にまた、今日その限界に目をつぶることは、仏教を現代の問題として甦らせようとした彼らの志にかえって背くことになるであろう。その不十分なところを批判的に乗り越えてはじめて、彼らの精神を本当に受け継ぐことができる。

†日本仏教の立場から死者との共存を取り戻す

ところで、近代日本における葬式仏教の思想的な切り捨ては、欧米の近代思想が死と死者を切り捨て、生者の傲慢の上に成り立ってきたことと無関係ではない。科学的な合理主義は、それまでの死後の世界を非合理的、非科学的と笑い、唯物論にまで突っ走った。唯物論やニヒリズムは神の否定と考えられているが、神の否定以前に死者の否定といわれなければならない。死者の力を見くびり、死者と語り合うことを忘れ、死者からの贈与を生者である自分たちの手柄のように自慢するようになったとき、生者の傲慢さは極限に達し、歯止めを失って、崩壊へ向かって大きく踏み出すことになった。

日本の哲学者といわれる人たちも、多くは欧米のまねをするだけで、ハイデガーに倣って存在忘却とかニヒリズムとか口にするが、はたしてどれだけ本当に日本の実情を踏まえて哲学しているのか疑問である。存在忘却よりも死者忘却のほうが、よほど深刻な問題である。猿マネではなく、日本の伝統を足場にして、それを理論化してゆくことができなければならない。

さいわい日本には、相当に形骸化してしまったとはいえ、まだ葬式仏教を基盤として死者との対話の可能性が残されている。そして、大乗仏教の根本には、『法華経』に見られるように、死者論が置かれている。浄土教もまた、もともと死者の宗教のはずであった。日本仏教の立場から、死者との共存を取り戻し、新しい哲学を展開できる可能性は十分にある。

「人の間」で成り立つ倫理は今日壊滅状態にいたっている。生者の世界だけで考える倫理至上主義は間違いである。道徳倫理を超え、超・道徳倫理の立場に立たなければならない。「人の間」の倫理を逸脱し、それではとらえきれない他者・死者と直面し、われわれの存在を根源的に揺さぶられ、生者であるわれわれの弱さを徹底的に思い知らされるところから出発しなければならない。

第28章　死者から宗教を再構築する

†「語りえないもの」を語る仏教の試み

　ここまで、〈人間〉の領域に限定された倫理ではとらえきれない問題があり、それを超えたところから考えなおさなければならないということを、死者との関係という点から論じてきた。死者との関わりは、たとえ唯物論者であっても認めなければならず、その意味では必ずしも宗教を前提としなくても成り立ちうることである。死者たちは〈人間〉の領域の間近にいて、〈人間〉の領域には入らないものの、その周辺である程度構造化されることは可能である。渡辺哲夫が言うように、死者が死者として構造化されないと、生者の世界の秩序そのものが成り立たなくなる。

　しかし、死者の領域をさらに超えて、〈人間〉の領域の外へと踏み出そうとすると、もはや共通理解は成り立たず、理論的な探究は難しくなる。〈人間〉の領域を超えると、理性的な言葉での表現は不可能になり、「語りえないもの」を語るという矛盾を犯さなければならなくなる。しかし、そのようなことは可能であろうか。

確かに歴史上、さまざまな宗教があり、それぞれきわめて精密な理論を形成してきている。とりわけ、西欧においては、理性で解明できる哲学と、それを超える神学との区別が厳密になされてきた。それにくらべて、アジアの伝統では、両者は必ずしもはっきり分けられない。それはそれでよいところもあるが、しかし、重要な問題が曖昧にされ、表面だけの理論的つじつま合わせになってしまっているところもあり、それは十分に反省されなければならない。

もちろんキリスト教が唯一の宗教であった時代のように、哲学と神学を明確に区別することは今日ではできない。しかし、〈人間〉の言葉で語りうる問題と、その領域を超え、「語りえないもの」をあえて語らなければならないこととは、同次元では扱えないことは明らかである。『清沢満之と哲学』(岩波書店、二〇〇四)で注目すべき仏教解釈を示した今村仁司《いまむらひとし》は、「語りえないこと」を語ろうとする仏教の言説を、神学と類比的に仏陀学(ブッドロジー)と呼んでいる。

清沢満之は、初期の『宗教哲学骸骨《がいこつ》』から晩年の精神主義の時代にいたるまで、阿弥陀仏(弥陀)のような固有名をあまり用いず、無限(者)・絶対無限(者)など、一般的な呼称を用いている。そして、有限のわれわれと無限との関係として宗教の問題を解明しようとした。今村もまた、その方法を踏襲している。その無限が「仏」に当たる。しかし、絶対無限は有限なるわれわれとは次元を異にしており、われわれによって完全に理解しつくすることはできない。有限なるわれわれは、われわれの能力に応じて無限をとらえるだけである。有限者は有限なる自分に似せて無限を描き出す。それゆえ、今村は、有限者によって描き出された無限は、一種の比喩であり、擬人化であるという。

†絶対無限者の逆説

ところが、この問題はなかなか難しいところがある。われわれの理解する無限者が、本当の無限者の比喩であり、擬人化であるとして、その比喩なり擬人化なりが適切なものであるかどうかは、どうやって検証できるのであろうか。無限者が本当に絶対的な無限者であるならば、有限者とは完全に隔絶しており、比喩的にであっても有限者の理解を超えているはずであり、次元の違う有限者と関係を持つことさえできないであろう。無限者が有限者と関係を持ちうるということは、それ自体矛盾した言表であり、その矛盾を受け入れなければならない。

このような絶対無限者の逆説は、仏典よりも旧約聖書においてもっとも正面から問われている。旧約聖書の神はイスラエルの民に恩恵を与えるが、その究極的な意志は知りがたい。老齢になってようやく一子イサクをもうけたアブラハムに対して、神はその子イサクを犠牲として捧げるように求める。あるいは、義人として知られるヨブに対して、神はありとあらゆる不幸を与えて、その信仰を試そうとする。なぜ特定の人、それもきわめて信仰の篤い人に対して神がそのような厳しい試練を与えようとするのか。どうして他の人たちはそれほどの試練を受けずに済むのか。神の意志はどこまで行っても有限な人の理解を超えている。理解しようとすればするほど、神は遠のく。

しかし他方、われわれが何をどのように考えても、考えられたことは有限でしかなく、その限界を超えた何かがあることも間違いない。考えれば考えるほど無限に後退していき、有限者の把握を超えてゆく何か。それは、最近の哲学では、「顕現せざるもの」とか「隠れたるもの」と呼ばれるところの何かである。その究極である旧約的な神は、有神論・無神論の対立を超え、存在・非存在の対立を超え、この世界そのものを超えながら、しかしこの世界を支える何ものかである。

キリスト教になって、キリストという媒介者が立てられたのは、このような無限者の逆説に耐えられなかったからである。絶対的に隔絶した無限者＝神と有限者＝人との間を、神にして人であるキリストによって結ぶことによって、両者ははじめて融和的な関係を持つことができるようになる。しかし、その媒介者が入ることによって、有限なるわれわれがどこまで行っても理解できない何ものかへの畏れは、薄められることになった。

†仏は有限者との関わりの中でのみ存在する

仏教においては、このように厳しい無限と有限との隔絶は見られない。仏は、たとえどれほどの能力を持っていようと、もともと人が悟りを開いてなったものであり、その点、人と同質的である。第7章で仏性の問題に触れたが、仏性とは仏と我との同質性に他ならない。その同質性があるからこそ、仏は人を救うことができ、人は仏を頼ることができる。天台の十界互具《じっかいごぐ》の思想は、このことをもっとも適切に表現したものである。すなわち、地獄・畜生・餓鬼・修羅・人・天・声聞・縁覚・菩薩・仏の十界は相互に包摂しあうというもので、仏もまた地獄の要素を含み、地獄もまた仏の要素を含むというのである。

そうであるならば、仏もまた有限な存在ということになる。清沢満之は、一方で仏を絶対無限者として立てながら、他方で、仏はあくまでわれわれとの関わりの中でのみ存在するのであり、仏自体では存在しえないと主張している。「私共は神仏が存在するが故に神仏を信ずるのではない、私共が神仏を信ずるが故に、私共に対して神仏が存在するのである」(「宗教は主観的事実なり」)。仏が有限者との関係の中でしか存在しえないとすれば、仏もまたあくまで有限的な存在である。

ここで、われわれはしばしば死者を「仏」「仏様」と呼ぶことに注意したい。このことは決して比喩や通俗的な誤解ではない。死者は、〈人間〉の世界をはみ出したところで出会わざるをえない他者である。死者はもはやこの〈人間〉の世界の中にはいない。しかし、にもかかわらず、われわれは死者と関わらざるをえない。死は人生の完成といわれるが、必ずしもそれほど単純ではない。他者である死者は、必ずしもわれわれに親和的とは限らない。一面でわれわれを護り助けてくれるとともに、他面ではつねに予測不可能で、異世界的な不気味な存在でもある。死者に対しては、慎みと畏れをもって向かうことが要求される。

先に『法華経』に関して述べたように、そのようにわれわれに迫る他者こそ仏であり、そうとすれば、他者の中でももっとも他者的である死者が仏といわれることは理に適ったことである。死者が仏であるならば、その死者と正面から真向かうことのできる生者もまた仏でなければならない。

即身成仏とか頓悟とかいわれるように、この身を離れて仏はない。他者と関わらざるをえない存在が菩薩であるのならば、そうして関わる他者が仏であり、そうであれば、他者＝仏と真向かいうる私もまた仏でなければならない。『法華経』に「唯仏与《ゆいぶつよ》仏乃能究尽《ぶつないのうぐうじん》」（唯《た》だ仏と仏とのみが乃《すなわ》ち能《よ》く究尽す）といわれているが、仏にしか理解できない『法華経』を仏がわれわれに説いたということは、仏が、われわれもまた仏であると認めたということである。『法華経』の世界に参入することのできるものは仏に他ならない。

†現世主義を乗り越える

しかし、私は完全に仏でありうるのであろうか。他者＝死者と真向かい、その力を受け止めて生きることは、現実にそれほど容易ではない。死者の力は生者を圧倒し、生者の制御を超えて、生者に敵対する恐れもある。死者を制御するより大きな力が要請されることになる。それが仏である。

第21章に述べたように、『法華経』の仏は死者である多宝如来と関わることによって、その強力な力を獲得することができた。仏は、もともと死者と深い関わりを持つ存在である。仏の涅槃（ニルヴァーナ）は、究極の悟りであるとともに、死を意味する。仏は死者となることによって、仏としての本来の力を獲得するのである。仏教の涅槃の解釈はいろいろ説が分かれ、ある場合には、涅槃は無に帰するニヒリズムであるかのように誤解されてきた。しかし、死が悟りであり、本当の仏になることであるという逆説的な事態にこそ注目すべきである。

死者との深い関わりは、仏が日本の神と大きく異なるところである。仏は死者と関わり、その関わりを通して生者と関わってくる。近代の仏教は合理化を進め、現世化を進めることにより、死者との関わりをともすれば軽視するようになった。実際には葬式仏教を基盤としながらも、それを原点として深く反省することなく、理論的には現世主義の立場を推し進めることとなった。

清沢満之にしても、田中智学にしても、近代の仏教指導者たちは、仏教を来世から取り戻し、現世の生きているわれわれのための宗教として構築しようとした。彼らの努力はもちろん貴重であり、それを無視してはいけない。しかし、その現世主義の行き詰まった今日、もう一度仏教の持つ死者との関わりが大きくクローズアップされるのである。

第29章　死んでどこに行くのか？

†死後のことがわかるはずはない

通常、自らの死の問題が宗教の最大の課題のようにいわれる。それに対して、僕は自らの死よりも、実際に関わりを持たざるをえない他者としての死者をまず問題にすべきだとして、問題を「死」から「死者」へとシフトすることを提案した。それでは、自らの死はどのように考えたらよいのであろうか。

はっきりいって、死後のことが明確にわかるわけがない。確かにわれわれは死者と関わらざるをえない。しかし、にもかかわらず、死者がどのような状態にあるか知ることはできない。それは当然である。なぜならば、死者は〈人間〉の世界の時間・空間に位置づけられる存在ではなく、まして感覚的に把握されることはないからである。せいぜいのところ、比喩としてしか語ることができない。

僕たちは、死者が生者に向けた顔しか知らない。しかし、考えてみれば、死者でなくとも、僕たちは他者のことをどれだけ知っているのであろうか。会社で一緒に働いている仲間だからといって、プライベートな生活を知っているわけではない。あるいは、家族同士であっても、互いに心の底で何を考えているか、完全にわかるわけではない。もっといえば、自分自身の心さえも、本当にはわからない。まして死者のことをどれだけわかることができるというのであろうか。

僕たちは未知の土地に行く場合、誰か経験者の言葉を頼りに、それがどのような場所か、情報を集めて準備する。しかし、死者は生者のように〈人間〉の言葉で語ることがないから、死者から通常の意味での情報を得ることはできない。

もちろん、霊媒によったり、あるいは夢を頼りに死者の情報を得ようということは古くから行なわれてきた。夢や奇瑞《きずい》によって浄土に往生したことを示すということは、中世以来しばしば見られるところである。しかし、当然のことながら、それは検証可能な情報とは異なっている。それを個人的に信ずることはできるかもしれない。しかし、中世ならばともかく、今日、それによって他の人を説得することはできない。あるいは、臨死体験がもてはやされたこともあるが、臨死はあくまで臨死であり、死ではない。

†死者も仏であり、私も仏である

それならば、仏の語った経典の言葉ならば信じられるであろうか。たしかに仏は死者の世界にも通達した存在ということはできる。しかし、だからといって、たとえば『無量寿《むりょうじゅ》経《きょう》』に出ているように、浄土は金ぴかで宝石だらけの成金趣味のような世界だということが正しいのであろうか。そんな息の詰まるような世界が望ましいとは思われない。それゆえ、浄土の描写は多くの場合、一種の比喩として読まれ、さまざまな解釈がなされてきた。仏の言葉だからといって、それをそのまま信ずればよいというものではない。

それならば、結局のところ、死後については不可知論の立場に立つしかないのであろうか。それに対しては次のように言うことができる。われわれは願うことはでき、そして、その願いに向かって努力することはできる。確かに人は自分の心さえ自由にできない弱い存在である。自らの心の奥底に何があるのかもわからない。私は私自身にとって計り知ることのできない〈他者〉である。仏教の唯識説は、僕たちの心の奥底に通常の理解の届かない領域があることを教えてくれる。

しかし、そうではあるが、善くあろうと欲することはできる。現実には私は誰よりも私自身によって裏切られる。どんなに善意を持って生きようとしても、我欲のない善意だけの生き方などできるはずがない。しかし、善くあろうと願うことはできるし、その努力が現世で完結するはずもない。善くあろうという願いは、死後にまで継続して保つことができ、そして現世で達せられなかったより完全なあり方へと志向することができる。死を、すべてが終わってしまう終着点と見る必要はない。

また、いま僕たちが死者と関わるように、死者としての僕たちは生者を見守り、生者と関わることができる。というよりも、関わらないわけにはいかない。親鸞の言葉を使えば、それは〈還相《げんそう》〉の問題である。田辺元は、禅の師匠の慈悲が死後もなお続くことを「死者との実存協同」の典型とした。どうせ死んでしまうのだからといって、この世界がどうなってもよいわけがない。死によってすべてが終わってしまうわけではないからこそ、未来の世代に対しても僕たちは責任を感じないわけにいかないのだ。

このように考えるならば、キリスト教のように霊魂の永遠の生を認める必要もなく、インド的な輪廻を前提とする必要もない。明日どうなるかさえわからないのに、生前や死後がそれほどはっきりわかるはずがない。永遠とか無限とか、いきなり飛躍した抽象的な観念を持ち出すのは、ともすればこけおどしの不安や恐怖をあおることにしかならない。

こうして、死者は僕たちが今関わらなければならない存在であるとともに、僕たち自身がいずれその世界に入っていく存在でもある。そうとすれば、死者は生者にとって異質の他者であるとともに、同質的な連続性を持った親しい存在でもある。死者も仏であり、私も仏である。僕たちは死者とともに語り、死者とともに生きている。そういうと、〈人間〉の世界でしかものを見、考えることのできない人には奇妙に聞えるかもしれないが、それは多くの人が実際に行なっていることである。

†死者と生者の関係をとりなす僧侶の役割

ところで、死者と生者が関わるには、もちろん直接に死者が生者に呼びかけるということもあるが、しばしばその仲介となる専門家が要請される。それは、死者の霊を呼び出すシャーマン的な存在であることもあるが、それよりも死者と生者の間の秩序をより安定したものにするために機能してきた主役の職業的宗教者が仏教の僧侶であった。本書でくり返し葬式仏教の重要性を説いてきたのは、このことによる。

最近、『がんばれ仏教!』(NHKブックス、二〇〇四)を刊行した上田紀行《うえだのりゆき》は、このような仏教の現状に危機感を持ち、葬式仏教を超えていきいきと活動する「イベント僧」たちに仏教の未来を託そうとしている。それに深く共感するところはあるが、僕はやはり日本の仏教は葬式仏教をもう一度きちんと考えなおし、それをしっかりした哲学の上に立てなおす以外に、再生の道はないと考えている。

中世には、行き場のない死者が道に溢れ、生者に害をなし、災害をもたらした。そこで、仏教は死者の跳梁を呪術によって封じ込める強大な力により、その役割を果たすことになった。しかし今日、かえって死者の声は聞きとりがたく、ともすれば無視されがちである。そうとすれば、死者に敬意を払い、その声を聞きとり、生者と共同できる体制を作らなければならない。それが今日仏教に課せられた大きな役割である。

†葬式仏教を鍛えなおす

しかし、これもくり返し説いてきたように、今日の葬式仏教のあり方がそのままでよいというわけではない。今日の葬式仏教はしばしば単なる惰性的な儀式に堕して、寺院の収入源というだけになってしまっている。「坊主丸儲け」と顰蹙を買っている現状を、職業的な僧侶がどれだけ真剣に考えているであろうか。

それに時代も変わってゆく。今日の葬式仏教は、家制度の上に立ち、子孫が先祖の墓を守るという前提の上に成り立ってきた。しかし、今日そのような家の存続はほとんど問題とされない。家の墓に入るのを嫌って、夫婦単位、個人単位の墓が作られ、寺院に付属する墓地だけでなく、大都市では宗教にこだわらない公共墓地が好まれる。それどころか、墓を作らない自然葬の運動も盛んである。自分の葬式や墓のあり方も、決まった形を踏襲するのではなく、自分で考え、デザインできるようになってきた。

死のイメージも変わった。最近気がつくのは、死者に呼びかけるのに、「天国にいったお父さん」とか「天国の○○ちゃん」とかいわれることが非常に多いことだ。死者のいる場所として、極楽などではなくて、天国がイメージされるようだ。キリスト教式の結婚式がいちばん広く普及している状況で、死後の世界もまた、キリスト教的なイメージが、もちろんきわめて日本化されながら受容されてきているように思われる。

そうなれば、もはやかつてのように仏教が死者を独占することはできない。仏教寺院や僧侶が特権的に死者と関わってきた時代は終わった。おそらく今後、仏教寺院はリストラされ、淘汰されるであろう。死者を僧侶に任せておいてよい時代は終わった。死者とはあらゆる生者が関わらなければならないし、自らの死にもそれだけの責任を持たなければならなくなった。

そうなれば、専門の仏教者もまた、これまでの経験を生かして、死者とどのように付き合うべきかを積極的に考え、提示していかなければならない。その中で、葬式仏教もまた、当然変わっていかなければならない。中でも、僕がどう考えてもおかしいと思うのは戒名だ。戒名は授戒するときに与える仏弟子としての名であるといわれる。授戒は一種のイニシエーションである。それゆえ、本来は生前に授戒すべきであるが、それができなかったときに、死後にその儀式を行ない、戒名を授けるのだといわれる。

しかし、はっきりいってそれはタテマエにすぎない。実際には多くの場合、生前授戒はほとんど行なわれず、戒名は死者に対して死者としての名を与えることにより、生者から区別して死者の世界に送り出すという、いわば死者としてのイニシエーションの役割を果たしている。だが、なぜそのとき、戒名の長さや院号・居士号などで差別し、しかもそれがお金の多少で左右されるなどということがあるのであろうか。とんでもない話である。そのような仏教者が平等を説くことなどできるはずがない。現状に居座って努力を忘れるならば、仏教には衰退以外の道は残されていない。

第30章　日常からの再出発

†公共の場にはのぼらない何か

ぼつぼつ本書も終わりに近づいた。まだまだ論じ残した問題は多いが、それらはまた改めての課題としたい。最後にもう一度、根本となる論点を少し角度を変えて整理するとともに、多少の補足を加えることにしたい。

本書で僕がいちばん言いたかったことは、僕たちがともすれば完結していると思っている公共的領域が、じつはそれほど自明に完結したものではないということである。今日また、「公共哲学」などということが盛んに言われている。もちろん公共領域に関する検討は必要であり、それを否定するつもりはない。しかし、もしそのような論者が「公共」だけで片がつくと思っているとすれば、とんでもない間違いである。むしろこれまでの公共性重視が、公共の場にのぼらない問題を切り捨ててきたところにこそ、今日のさまざまな問題の発生する根源がある。

確かに僕たちはお互いに役割の中で生きており、それが「人の間」である〈人間〉のあり方である。公共性と対立すると考えられる私的領域にしても、親子・夫婦・恋人・友人などの「人の間」の関係によって、相互の了解がなされている。そもそも言葉は公共性の中で通用するものであり、「人の間」を外れれば、もはや言語にものぼらず、議論もしようがないはずである。

にもかかわらず、僕たちは、そのような公共性にのぼらない何かがあることを知っている。「誰にもわからない心の痛み」などというと、「誰にもわからない」ことなど考えられはしない、と言われるかもしれない。確かに、その言葉が意味を持ち、他の人にも理解可能とすれば、「誰にもわからない」とは言えないことになってしまう。それでも、そうとしか言えない事態はやはりある。

たとえば、自殺を図った子供が、「死にたいほどの気持ちを誰もわかってくれない」と訴えたとき、それは公共の言葉にのぼるものではない。しかし、一度でも同じような経験のある人ならば、その言葉をただわけのわからないたわごとと退けることはできないであろう。

自分がかつて経験したことと、今この少年が経験していることが同じということはない。彼の経験は彼だけのものでしかない。その意味で、確かに「誰もわかってくれない」という彼の言葉は正しい。自分にしかわからないものは、やはり誰にも伝えようがない。それを伝えようとすることは矛盾している。僕がそれを「わかってしまう」のは、単なる思い込みかもしれず、彼自身の心の痛みとはまったく違うものかもしれない。しかし、それでも彼の心の痛みは、僕を放っておいてはくれない。

それを、同情とか共感とかいう原理に整理して、そこに倫理を基礎づけようという立場も考えられる。しかし、それは成功しない。なぜならば、少年の訴えがどのように共感されるかは、これもまた人によって異なり、一般的な法則化はできないからである。それは、何らかの形で僕の行動に結びつくかもしれないが、僕の行為は必ずしも倫理的であるとは決まっていない。むしろ、「人の間」の枠を逸脱した人に共感するとすれば、そのような共感は危険なことであり、公共の場に容れられないことになるかもしれない。

他方、役割的な「人の間」を超えるところにこそ、本来的な自己のあり方が実現する、というような考えも出されるかもしれない。たとえば、ハイデガーの思想はそのようなものだ。しかし、本来性などというものがあるのであろうか。「人の間」を超えたところで出会うのは、どうにも対処のしようがなく、始末に負えない異物であり、他者である。自己自身もまた、自己の制御を超えた異形を露わにする。それは、本来性などというきれいごととはまったく異質のものである。それでも、そのような他者と付き合っていかなければならないのだ。

†「人の間」を超えたものと「人の間」とを宗教は結びつける

このように言うと、「人の間」を超えるのは、一部のおかしな人だけの問題であって、多くの人には関係ないことだ、と言われるかもしれない。ところが、どうやらそうも言えないようだ。多くの人は、おそらく公共のルールにのぼらない理不尽な感情を経験したことがあるであろう。嫉妬や憎悪、あるいは異性への欲望など、言葉や行為に出せば、セクハラになったり、犯罪になってしまうような心の動きを経験したことのない人はいないであろう。もしそのようなことを経験したことがない、と言う人がいれば、それは聖人であるよりも、もっとも可能性が高いのは、実際には経験していながら、それを抑圧し、自分自身を欺いているのであり、かえって危険なことといわなければならない。

公共の「人の間」のルールにのぼらない他者の極限として、死者がいる。死者は決して「人の間」に入ってこない。死者を会議の場に呼び出して、議論をすることはできない。にもかかわらず、身近な人の死を経験したことのある人ならば、死者は死によっていなくなってしまうのではなく、というか、むしろいなくなってしまうことを通じて、生者以上に強力にはたらきかけ、私を放っておいてはくれないことを知っているであろう。

宗教とは、ひと言でいえば、このような「人の間」を超えたものと「人の間」との緊張関係において、両者を結びつけるところに成り立つ。「人の間」から、それを超えた世界への逸脱を教えると同時に、逸脱しっぱなしではなく、それを再び「人の間」に取り戻そうとする。その両者の境界線上における緊張関係に宗教が成り立つ。科学や法律・倫理などが、たとえどのように逸脱を取り扱っているように見えても、つねにそれを「人の間」に回収するという一方向のみをとるのと異なっている。それだからこそ、宗教はそれ自体が逸脱して、暴力や犯罪を惹き起こす力ともなりうるのである。

宗教というと、日本ではしばしばきわめて特殊なニュアンスを持って考えられてしまう。新宗教やキリスト教が典型的な宗教と考えられ、強い信仰で結ばれた閉鎖的な集団であって、社会の異分子であり、危険な存在であるかのようにさえ、思われがちである。いわば、宗教というと、ただちにカルト的なものが考えられてしまうのである。それゆえ、多くの日本人は、自らを「無宗教」と規定することになる。

これは、ひとつには〈宗教〉という概念が欧米のレリジョンの訳語として広められ、その際、キリスト教優越的なニュアンスを伴っていたという事情がある。そこで、宗教とは、絶対者=神との関係というような、キリスト教を典型とした理解がなされ、日本の神仏習合など、未開の低次元のものとみなされるようになったのである。仏教もまた、そのようなキリスト教をモデルとした理論構築を図るとともに、その枠に入らない葬式仏教や神仏習合を隠蔽することになった。神道非宗教論は、このような宗教概念の限定を一層強めることになり、宗教はきわめて特殊な、限定された問題としか考えられなくなってしまった。

このような宗教軽視はさらに、宗教を前近代の遺物と見る近代的合理主義によって加速された。十九世紀的な科学主義や進化論は、非合理的な宗教は合理的な倫理によってとって代わられるべきものとみなし、軽蔑した。このことは、戦後においては社会科学や唯物論の盛行によって加速された。マルクス主義者は宗教をアヘンと見て攻撃し、近代主義者はウェーバーの影響下に、プロテスタント的な宗教以外は近代に適合しないものとして批判した。

†僕らの生を支えているもの

今日、宗教学者によって、宗教の再定義が問題になっている。しかし、それがどのように定義されようが、学的な領域での定義の問題である以上、〈人間〉の領域を超えることができないという限界を持つ。宗教を〈人間〉の枠の中の現象として見る限りにおいて、学としての「宗教学」が成り立つのである。したがってそれは、宗教のもっとも根本の課題である〈人間〉を超えた領域との関係をとらえることができない。これは、「宗教学」という「学」の根本的なディレンマである。

宗教を、〈人間〉を超えた領域との関わりとして見るならば、それは特殊な現象ではなく、ほぼすべての人に関係する問題となる。たとえ仏教式の葬儀を嫌い、「無宗教」の形式を採用したとしても、遺体を廃棄物として投げ捨て、それで万事完了とするのでなければ、死者との関わりを何らかの形で引きずらなければならず、〈人間〉の領域に入りきらない問題と関わらざるをえない。

それは、従来の〈宗教〉の定義とは大きく異なることであり、それ以外の適当な呼称を用いるべきだというのであれば、〈宗教〉という呼称にこだわる必要はない。しかし、このような問題は従来、宗教がもっとも深く関わってきたことであり、それゆえ、〈宗教〉という呼称を採用して差し支えないものと、僕は考えている。

僕たちは、固定した常識にあまりにとらわれすぎている。それゆえ、〈人間〉の領域を逸脱するというと、それだけで何か嫌悪をもって見られたり、おかしなことのように考えられてしまう。しかし、じつはそうではなく、もっと素直に自分を振り返れば、僕たちはつねに〈人間〉を超えた領域と関わっている。そのことをそのまま認めることから出発すればよいのである。固定した常識を排して、自分自身を見つめなおすとき、〈人間〉の領域を超えたところには、決して異形の嫌悪すべきものばかりでなく、僕たちの生を支え、勇気づけてくれるものがあることを知るであろう。超・倫理といっても、何も特別のことがあるわけではない。それが僕たちの日常の姿なのだ。

あとがき

　三十年近く、もっぱら古典文献にもとづく思想史の構築という地味な仕事に専念してきた。対人関係が苦手で、ひきこもりがちな僕にとって、天職ともいえる仕事だった。しかし、数年前から哲学や倫理学、その他現代の最先端の領域の方々と研究会などでご一緒するようなことが出てきた。ところが、どうしても彼らの議論についていけず、違和感を覚えることが多かった。一介の知的職人として、世間の煩雑を嫌い、文献を扱うささやかな技術だけを頼りにこつこつと生きてきた僕にとって、縦横に天下国家を論ずる「知識人」たちの才気《さいき》煥発《かんぱつ》な議論は、まるで別世界のことで、とまどうばかりだった。天下国家どころか、僕には自分一箇の生き方さえもよくわからないで、うろうろしているだけなのだ。

　けれども、それが自分の姿であるならば、その情けない自分以外に、どこにも出発点はない。自分の感じたまま、考えたままをいちばん素直に表現するにはどうしたらよいのか。それから僕の暗中模索が始まった。公共の倫理がそんなに根本なのだろうかという疑問、他者との付き合いづらさ、そしてむしろ死者との親しみ――本書のモチーフとなる思想は、そんな中で自分の心を見つめ、自分自身と対話しながら、少しずつ形をなしてきたものだ。

その際、他の哲学者や倫理学者のように、西欧の思想の素養がないので、自分が多少なりとも親しんできた仏教についての乏しい知識に頼ることになった。もっともそこには、借り物の思想ではなく、自分が受けてきた伝統から発想したいという、ささやかな自負もないわけではない。

こうして試行錯誤しながら僕が訥々《とつとつ》と語る言葉はあまりに常識とかけ離れており、それを人に語ると、たいていは理解不能という顔をされ、ときには嘲笑され、罵倒された。だから、僕自身、ずっと自分の思想に自信が持てず、それを表に出すことをためらい、悩んできた。そんなときに、死者との付き合いを正面から説いた渡辺哲夫氏の著作や田辺元の哲学と出会ったことは、僕に大きな勇気を与えてくれた。僕の考えていることもまんざら見当違いではないのではないか。そんなふうに思えるようになってきた。

ちょうどその頃、興山舎の矢澤澄道氏から突然お電話をいただき、同社で刊行している『寺門興隆』という月刊誌に、仏教と倫理について連載しないかというお話をいただいた。『寺門興隆』というのは、寺院住職を対象としたいわば業界誌であり、どうして僕にそんな話を持ちかけてきたのか、いまだによくわからないが、ちょうどよいタイミングだったので、それならばこの機会に思い切って自分の思想を整理しながら書いてみようと、お引き受けした。その連載は、「仏教超道徳倫理講座」というタイトルで、二〇〇三年一月号から二〇〇五年六月号まで、三十回にわたって続いた。

一般には知られていないマイナーな雑誌であるが、思わぬところに読者がいて、今度は筑摩書房の増田健史氏から、その内容をもとに新書を書かないかというお誘いをいただいた。それならばいっそ、書き下ろしではなく、その連載に手を入れてまとめるほうが楽だろうと考えて作業にかかったが、その安易な見通しはたちまち後悔に変わった。第0章を加えたほか、章の順序をすっかり変え、全面的に加筆修正し、結局書き下ろしとほとんど変わらない時間と労力を要することになった。いい加減で投げ出そうとするたびに、鬼のような増田氏から厳しい叱責がとび、ふたりの間で原稿が五回も往復して、ようやく面目を一新した本書の形が整った。そんなわけで、矢澤氏と増田氏が本書の本当の生みの親である。

書名を決める段でまた一苦労した。増田氏との間で何度もやり取りし、それにまた営業的な観点からの異論が加わったりして、タイムリミットぎりぎりで浮上したのが『仏教vs.倫理』であった。この書名もマジメな研究者の顰蹙《ひんしゅく》を買いそうでちょっとこわいが、仏教（より広くは「宗教」）の超・倫理性と「倫理」との緊張関係を、いささかの遊び心をこめて表したものと解してもらいたい。

手探りで進んできたために、大事な問題でありながら十分に考察されていないことも多い。たとえば、ジェンダーの問題は、性的マイノリティーの問題を含めて、他者を考えていく際にもっとも基礎となるものではないかと思うが、本書では十分に扱えなかった。これからの課題である。

二〇〇六年一月

著者

文庫版増補「他者・死者論の地平」

一、伝統から現代へ

本書が『仏教vs.倫理』（ちくま新書）として出版されたのは二〇〇六年のことであるが、そのもととなる雑誌連載は二〇〇三年から二〇〇五年までに亘る。それは僕にとって大きな画期となる本であった。ここでまず、本書に至る経緯を記しておきたい。

本書新書版「あとがき」に、「三十年近く、もっぱら古典文献にもとづく思想史の構築という地味な仕事に専念してきた。対人関係が苦手で、ひきこもりがちな僕にとって、天職ともいえる仕事だった」と書き、また第0章にも触れたが、そのことは、一九九八年に出版した『解体する言葉と世界』（岩波書店）の「あとがき」に、もう少し詳しく記した。引用が少し長くなるが、お許しいただきたい。

若い頃、哲学を志して挫折し、文学に入れ揚げて挫折し、宗教を求めて挫折した。すべてに挫折してボクは臆病になり、ひたすら自分の殻の中に閉じこもった。時代に背を向け、社会に関心を失い、ただ、時代離れした遠い昔の文献だけが裏切ることのない友であり、確かな慰めを与えてくれた。痕跡として与えられた文字の羅列から、思いもかけず広がってくる過去の世界に陶酔した。こうしてボクは文献学の世界に踏み込んだ。それは一種のオタク的世界であり、関心のない人にはおよそ退屈きわまりなく、無意味で耐え難いことに違いない。だが、それがボクの性に合った。本当は毒にも害にもならないことかもしれないが、それでもボクは、ひとり密かに毒の糸を紡ぐような悦楽を味わった。

文献学というのは、（恐らく他の学問もかなりの部分はそうだと思うが、）世間で思われているほど高尚な精神性の発露ではなく、地味な、ほとんど職人技と言ってよいような技術の習得とその応用からなっている。新しぶった理論がしばしば出されても、そんなものが適用できるのはほんの表面のところに過ぎず、文献を読み、解読する作業の根本のところは、理論以前のカンと蓄積が頼りだ。いわば名人芸に近いものだ。そして、それにはやはり適性と才能と、そして倦まず弛まずの努力が必要とされる。ボクは、そんな文献解読の作業と、それに基づく思想史の構築に熱中した。その職人技にはそれなりの誇りがある。そして、その技術をもって、かなり年を取ってからであったが、一応の安定した職を得、ささやかながら東京の片隅で妻とふたりの生活を営むことができた。それだけで十分満足すべきことなのだと思う。

だが、そんな禁欲的な作業に集中しながらも、実を言えば、哲学や文学や宗教の世界から、それほど遠ざかっていたわけでない。対象としたのが仏教の文献であったから、何のことはない、要するに、哲学や文学や宗教に直接飛び込めず、臆病にも文献学という檻に身を守られて、その周辺をぐるぐる回っていたというだけに過ぎない。何ともしまらない話だ。

この中に、僕の半生はほとんど語り尽くされている。これを書いた頃、博士論文をもとに出版した『平安初期仏教思想の研究』(春秋社、一九九五)に続いて、『鎌倉仏教形成論』(法蔵館、一九九八)を出版し、日本の仏教思想史に多少の見通しをつけることができた。東京大学の日本仏教史の講座の責任を持たされていたが、それはもともと僕が指導を受けた田村芳朗先生が初代として開かれた講座であり、その二代目として、草創期の講座を定着するという役割を課せられていた。それはいささか分相応の荷の重い仕事であったが、何とかその役割を果したという安堵感があった。後は、次の世代に任せればよい。

それと同時に、同じ一九九八年に、『「碧巌録」を読む』(岩波書店)を刊行し、禅籍の読み方に見通しを示すことができた。『解体する言葉と世界』は、やや周辺的に、哲学・宗教・文学などに関するエッセーを集めたもので、いわば専門の研究に付随する形でできたようなものだったが、それが逆に新しい自分の方向を示すものになるとは、僕自身、その頃はっきりとは認識していなかった。

世紀の変わり目となるその後の数年は、僕にとって滅茶苦茶な暗中模索の激動の時期となった。なすべき仕事はもうなし遂げた思いで研究は行き詰まり、いつも死を考えているような、中年鬱状態に落ち込んだ。しかし他方、それまでは自分に閉じこもっていれば済んだのが、否応なく表の場に引き出されて、発言しなければならないような機会が増えてきた。本書新書版「あとがき」に、「数年前から哲学や倫理学、その他現代の最先端の領域の方々と研究会などでご一緒するようなことが出てきた」と書いたような状況であるが、その中でももっとも衝撃的だったのは、岩波書店が主催した「二十一世紀研究会」という研究会に声をかけられて参加したことだった。錚々たる時代の最先端の知識人たちの議論はどうにも僕の世界とは異質で、違和感だけを募らせ、そうでありながら、彼らとまったく違う自分の内なるものをどう表現したらよいのか分からなくて、立ち往生した。それを何とか表現しなければならない。その焦燥が僕を突き動かした。

学生時代には多少なりとも現代の哲学思想に関心を持っていたが、その後、その方面からすっかり離れ、古典文献の中に閉じ籠っていた。三十年近く経て再び外を見渡した時、時代の問題がすっかり変わってしまったことに驚いた。正統マルクス主義から新左翼へという七〇年代頃の勇ましい政治中心の思想はすっかり影を潜め、引き籠りやニート、モラトリアムなどが正面の課題となっていた。僕と同類の社会不適応であり、プラスの価値観についていけない落ちこぼれに光が当たるようになってきた。僕にとってはかえって生きやすい時代である。これならば、僕も何か言えるかもしれない。

同時にそれは、西洋近代に追いつけ、追い越せという至上命令が崩れたことをも意味する。相変わらず表に見える思想界は西洋中心主義を抜け出せずにいるが、いずれそれが行き詰ることは明白だ。僕がひたすらその中に閉じ籠り、流行遅れと馬鹿にされてきた過去の東洋や日本の思想・宗教が生きてくる可能性も十分に出てきた。こうして僕自身の実感に添いながら、東洋や日本の思想・宗教、とりわけ仏教を参照して、そこから新たに思想を構築していく作業が手探りながら開始されることになった。それがひとまず形を取ったのが本書『仏教 vs. 倫理』である。本書以後、それがさらに少しずつ発展しつつある。それについては、後ほど記したい。

自分の思想を構築しようとする作業の過程で明白になったのは、仏教思想と言っても、常識的な既成の解釈にそのまま立脚できないということであった。もう一度それを洗い直し、仏教思想そのものを読み直すことが必要になった。それは、従来の解釈が依存してきた近代的な仏教理解を問い直すということである。そこで、今度は近代の仏教思想の解明がどうしても必要になってきた。島地黙雷・清沢満之・鈴木大拙など、近代の仏教者たちはそれなりに一部では有名でありながら、従来きちんとした研究がなされてこなかった。改めて読み直してみると、彼らの思想はきわめて新鮮で、そこから学ぶべきものが多いとともに、それを批判していかなければ新しい思想を生み出すことができないことが分かってきた。とりわけ清沢の思想は、他者としての仏とどのように関係するかという観点から解釈でき、僕の他者論の形成に大きな影響を与えることになった。

このような近代仏教の捉え直しはまた、従来、仏教を抜きにして論じられてきた日本の近代思想を問い直し、日本の近代の歪みを炙り出すことでもある。仏教の問い直しは、そのまま近代の問い直しとなる。近代批判は、ポストモダンのような思想動向によって提起されたが、そのような動向は伝統的な思想に対するしっかりした基盤を持たないために、表面だけの浅薄な流行に終わった。本当の意味での近代批判は、伝統との正面からの取り組みによってはじめてなしうることである。

このようにして、手探りの中から日本の近代という枠組みの中で仏教思想を検討しなおす作業にも否応なく立ち向かうことになった。近代仏教の研究は、近年急速に進展してきているが、僕が手をつけ始めた頃はほとんど見るべきものがなく、これもまた試行錯誤の連続であった。その成果は、『近代日本の思想・再考』全三巻（トランスビュー）のうち、最初の二巻『明治思想家論』『近代日本と仏教』（いずれも二〇〇四）にまとめられたが、それは『仏教 vs. 倫理』に先だつその準備作業とも言える。

以上のような経緯を経て、ようやく『仏教 vs.倫理』に辿り着くことができた。しかし、もちろんそれで完結したわけではなく、むしろ本書は、仏教を現代の哲学・倫理の場に引き出して問い直すという、新しい作業の出発点である。以下、本書の中心思想の位置づけを振り返るとともに、本書以後の僕の思想展開について触れることにしたい。

二、他者・死者という問題系

『解体する言葉と世界』の段階では、死者の問題はまだ出てきていないが、『仏教vs.倫理』において体系化される思想の原型は萌芽的な形で形成されている。特に同書の第I部は、禅による言語的世界の解体から、説明言語で捉えきれない他者との関わりという問題へと進み、『法華経』の前半部分（迹門）に他者としての仏との関わりを読もうとしている。この見方は、その後の展開の基礎となるものである。他者という問題は、対人関係が困難で、引き籠りがちになりながら、完全に引き籠ることも不安な僕にとって、常に大きくのしかかっていた問題である。

さらに、同書第I部の最終論文では親鸞における悪の問題を扱ったが、その結論は、『歎異抄』における世俗的、倫理的次元における悪と、『教行信証』における宗教的な悪とは問題の次元が異なるということであった。それは、倫理と宗教を分けるというだけのきれい事ではない。犯罪のように、世俗倫理の立場から否定的な評価しか与えられないことに惹かれ続ける中で、正しさに収斂できない闇の部分をどのように見たらよいのかという、僕自身の切実な問題であった。そこから、倫理と異なる宗教の次元を考えてみようというのもまた、『仏教vs.倫理』に引き継がれる問題となった。

その段階から『仏教vs.倫理』へと進む過程で、最大の進展は死者の発見ということであった。自己の死は直接経験できず、あくまで限界状況でしかない。生きている限りは死に到達することはない。このことは、アキレスと亀の話を思い起こさせる。哲学者の理論では、どんなに足の速いアキレスでも、のろのろ歩く亀に絶対に追いつけないという。しかし、実際に競争してみれば(それ自体現実にありえないことだが)、必ずアキレスは亀を追い越すだろう。現実を無視した哲学者の理論のほうがおかしいのであって、アキレスが亀を追い越すという事実のほうから出発しなければならない。

それと同じで、生きている限り死には到達しないと言っても、死は必ずやってくるのであり、それを問題にできないとすれば、その理論のほうがおかしいと考えなければならない。もっとも死を経験した死者は、通常の経験的な言語で死後を語ってくれないのであるから、それならば議論のしようがないということにもなろう。実際、近代の哲学者たちは皆そのように考え、死の問題を哲学の領域から追放した。

それならば、死の問題をどのように扱うことができるのか。死について考え続けた数年間の中で得た結論は、死については経験できなくても、他者の死は誰もが経験するということであった。他者との関係は死によって終るわけではない。他者の死後も、死せる他者との関係は続く。もし死によって完全に関係が切れるのであれば、葬式も不要のはずであるし、まして死後の法要など無意味であろう。そのような儀礼だけではない。親しい者の死を経験した人ならば、死者との関係が死後もずっと続くということを実感するであろう。それは自分の心の問題だというかもしれないが、単に心で勝手に思い描いているわけではない。幻想や幻聴でない死者との対話があり得ることもまた、多くの人は経験しているであろう。とすれば、他者としての死者との関係ということは、経験される事実としてきちんと問題にできるし、問題にしなければならないのではないか。

このような他者としての死者との関係という観点が確立することで、本書の構想が出来上がった。それは、本書中にも記したように、精神医学者渡辺哲夫氏の著作『死と狂気』（ちくま学芸文庫、二〇〇二）に触発されたところが大きかったが、それだけでないいくつかの契機が重なった。死者との濃厚な関係を維持する東北地方の宗教文化に触れたことも大きなきっかけとなった。また、『法華経』の前半部分については他者論として解釈できるとして、それでは後半部分（本門）をどう解釈するか、というところから、死者としての仏という新たな視点が得られた。この視点は、仏教史全体を改めて見直す道を開くことになる。なぜならば、大乗仏教が仏の死後という大前提のもとで展開されていることを考えるならば、死者としての仏こそ大乗仏教の根底を規定しているということができるからである。

こうして死者を正面から取り上げる中で、従来軽蔑され、仏教研究の対象とされなかった葬式仏教が新たな課題として浮かび上がってきた。葬式仏教こそ、もっとも積極的に死者との関わりを続けてきた。そこにはさまざまな問題があり、現状のままで認められるものではないが、しかし他方、それを仏教に非本来的として否定し去ることもできないはずである。葬式仏教の果たして来た役割を適切に評価することは、仏教理解の上からもきわめて重要と言わなければならない。

以上のように本書は、人間＝「人の間」としての倫理の領域を超えるところに他者の問題が開かれると考え、他者の典型として死者を位置づけるところに理論の根幹を置いた。しかし、「人の間」としての人間の領域と、それを超えた他者の問題は無関係ではない。両者が結び合う緊張の中に宗教が生れる。仏教もステレオタイプ化した理論ではなく、こうした緊張関係の中からその思想を捉え直していかなければならないと思われるのである。

三、他者・死者論の展開

本書以後の僕の仕事は、本書を出発点としながら、その理論を深めると同時に、それを思想史の領域に引き戻して再考することに努めてきた。本書で概観した理論を深めて展開したものとしては、『他者／死者／私』（岩波書店、二〇〇七）、『哲学の現場』（トランスビュー、二〇一二）などがあり、それを思想史に引き戻して考えたものとしては、『仏典をよむ』（新潮社、二〇〇九）、『近世の仏教』（吉川弘文館、二〇一〇）、『他者・死者たちの近代』（『近代日本の思想・再考』Ⅲ、トランスビュー、二〇一〇）などがある。それらについて詳論することは避け、ここでは本書の思想の根幹に関わるところで、本書以後理論的な展開のあったことを挙げておきたい。主要な点としては、二点を挙げることができる。

第一に、「顕」と「冥」という用語を用いるようになったことが挙げられる。「人の間」としての倫理の領域を「顕」と呼び、それに対して、「顕」の領域で捉えきれない他者の領域を「冥」と呼ぶことにした。これは単なる用語の問題だけでなく、現代の問題を思想史的に中世につなげる意味を持っている。というのは、顕と冥の対比は、中世の仏教者慈円の歴史書『愚管抄』に見えるものであり、それだけでなく、『平家物語』などの中世の文学にも見えて、中世的な世界観の特徴をなすものだからである。

慈円によれば、僕たちは人間が歴史を動かしているかのように思っているが、じつはそうは言えない。例えば、天皇家と藤原摂関家の関係は、決して偶然的なものではなく、天皇家の祖先であるアマテラスと藤原家の祖先であるアマノコヤネの契約によるものだという。このように、「顕」の世界を超えた「冥」の世界の動向によって、「顕」の人間世界の歴史が左右されるというのである。慈円は、歴史の展開に七段階を立てるが、その第一段階は、冥と顕とが和合して、道理が道理として通るような時代であり、第二段階は、冥の道理が次第に推移していくのを顕の人が理解できなくなっていく段階である。第三段階になると、顕の人は道理だと思っても、冥衆の考えることと合致しなくなった段階である。

このように、慈円の歴史観では、顕の人間世界は次第に冥の世界から離れていくとされている。これは、慈円だけでなく、南北朝期の仏教系の神道思想家慈遍によって、さらに発展させられており、中世的な歴史観を代表する説ということができる。それは、神話と歴史が合体していた時代から、次第に両者が切り離され、そこに純粋に世俗的な人間の歴史が成立するという近代の歴史観と、ある意味では似ているが、近代の歴史観では、それを進歩と捉えるのに対して、中世の歴史観では、顕の人間界が冥の世界から離れていくことは堕落と捉えられる点が異なっている。このように顕と冥という術語は、中世に広く用いられたものである。神道のほうでは、「冥」の代わりに「幽」あるいは「幽冥」という語もしばしば用いられる。

このような背景を持った語を採用して、合理性によって解明される倫理の領域を「顕」と呼び、合理性を逸脱し、それによって解明できない不可解な世界を「冥」と呼ぶことにしたのである。それに対しては、それならば「俗」と「聖」という、従来から用いられてきた宗教哲学の用語でよいではないか、と言われるかもしれない。しかし、「俗」と「聖」の場合、「聖」は「俗」よりも高次元で神聖なものというニュアンスが付きまとい、最終的には一神教的な神に吸収される趣が強い。それに対して、「冥」あるいは「幽」の世界は、必ずしも人間の世界よりも高次元とは言えない。そこには、死者はもちろん、妖怪や鬼、さらには六道を輪廻する地獄や餓鬼の類も含まれるのであるから、「聖」という概念は必ずしも適切ではない。そのような理由から、「聖」と「俗」ではなく、「冥」と「顕」のほうが、日本の伝統に基づいた発想にはふさわしいと考えるのである。

ただし、歴史的な「顕」と「冥」の概念と、僕がここで用いる概念とは、必ずしもぴったり合致するわけではない。歴史的な用法では、「顕」と「冥」はいわば存在の領域分けとも言うべき性質のものである。人間存在は「顕」の領域に属し、「冥」の領域には人間以外の、それも基本的には目に見えない存在が属している。それに対して、僕の場合は、あくまでも他者の他者性は、自己の関係の持ち方によるのであり、「冥」なる領域がそれ自体として存在するわけではない。人間同士であっても、互いに了解可能である限りは「人の間」としての「倫理」の領域に属し、従って「顕」の世界ということができるが、了解不可能な関係になれば、「倫理」を逸脱した「他者」としての面が出ることになるので、「冥」の領域に属すると考えられる。

本書以後の展開の第二点として、このような世界の構造を表わすのに、図を用いるようになったことである。これは添付のように、三つの図からなっている。図1、2はきわめて単純化した西洋的な世界観である。図1はキリスト教的な世界観であり、生者は生者との間で隣人愛的な関係を持ちうるとともに、そのような生者の世界は絶対者である神によって創造され、神との関係の中におかれる。しかし、そこでは生者の世界と死者との関係を構築する場がない。図2は、そのようなキリスト教的世界観から、「神の死」を経験し

図１・キリスト教的世界観の基本的枠組み

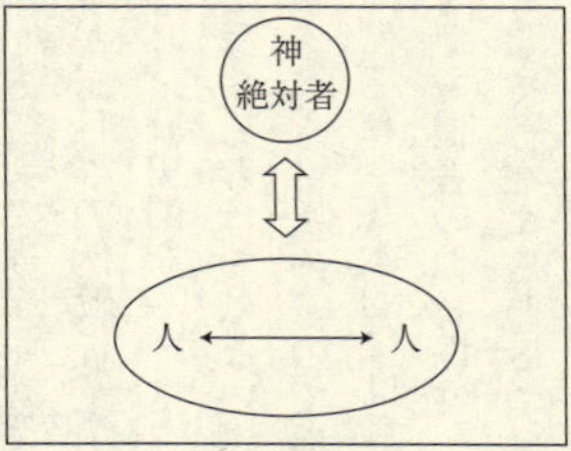

図２・近代的世界観の基本的枠組み

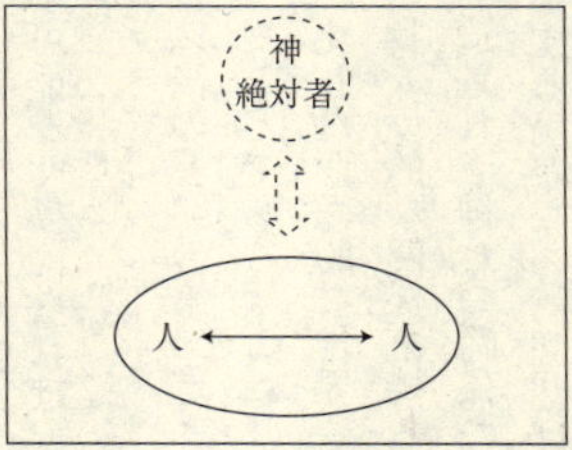

図３・日本宗教に基づく世界観の基本的枠組み

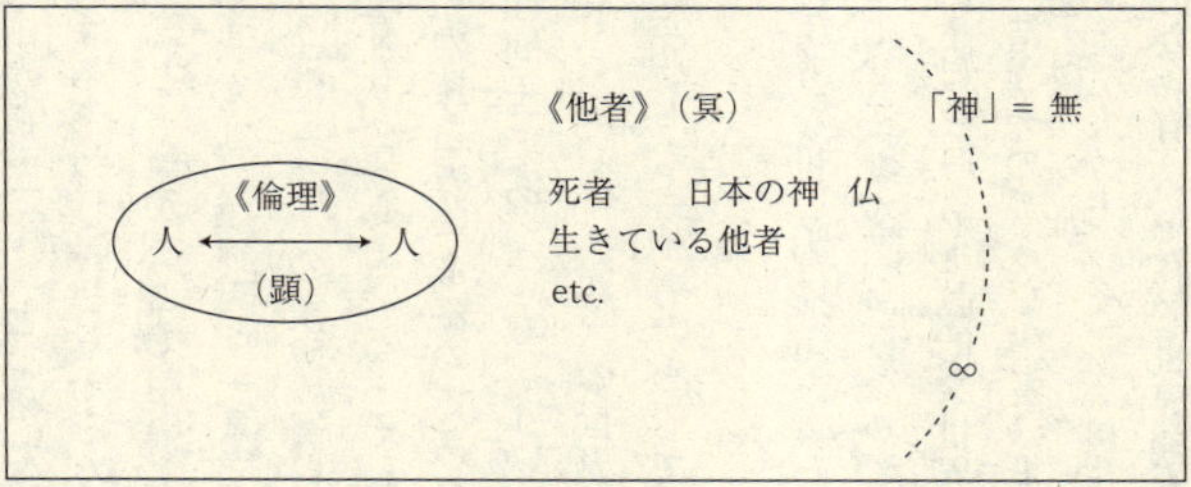

た近代の世界観であり、絶対者＝神は疑わしいものとされ、生者の世界だけが自立するようになる。そこに科学的な世界観が構築され、その極限的な形態として唯物論が考えられる。ただし、図1も2もきわめて図式化したものであるから、実際の西洋の世界観はもっと複雑である。むしろ、日本の近代がこのように図式的な形で西洋の世界観を受け入れてきたと考えるのが適切である。

このことは、日本の近代の仏教観にも決定的な影響を与えている。近代日本になって、仏教は「宗教」のひとつとして位置づけられるようになった。「宗教」は、もとは仏教語であるが、近代になってreligionの訳語として定着した。その際、大きな役割を果たした浄土真宗本願寺派の島地黙雷は、宗教を人間の心の信仰問題に限定した。そのことによって、人間の外形を扱う政治が立ち入れない信教の自由が確立され、政教分離が実現することになった。それは大きな成果であり、その発展上に清沢満之らの近代仏教の思想が展開する。

彼らの宗教観は、基本的にキリスト教をモデルとしており、仏教の阿弥陀仏を一神教的な神に近いものとして解釈している。それ故、その世界観は図1に近い。また、浄土教に対抗して、禅も知識人に広く受容され、西洋的な宗教と異なるものとして喧伝されたが、それは基本的には図2のような合理的な世界観を持つものと理解された。京都学派の哲学者の仏教理解も、基本的には図1または図2から大きく離れていない。

しかし、実際の日本の仏教のあり方は、このような図1または図2では捉えきれない。そこで切り捨てられたものは何であろうか。それは、葬式仏教、密教、神仏習合などの要素である。それらは前近代的、非合理的で、本来の仏教ではない不純な要素として否定された。死者や神々、そして無数の諸仏が活動する豊饒な世界は密閉され、あたかもないかのように無視された。だが、日本の多くの人々にとって、そのような世界はリアルであり、今でもその中に生きているのである。

僕が一貫して批判してきたのは、そうした僕たちにとって当たり前の世界観を踏みにじり、強引に外から身の丈に合わない世界観を押し付けようとする世の「哲学者」たちであり、それに対して、ごく当たり前の世界観を、誰でも納得できるように表現する道がなければならないと主張してきた。僕が本書において、あるいはそれ以後に模索し続けているのは、まさしくそのような世界観を如何に表現できるかということである。倫理と他者、あるいは「顕」と「冥」の世界観では、図1、2の世界観では消えてしまう死者や神仏を位置づけることが可能である。

そのような日本の宗教に基づく世界観を図3で表わしてみた。人と人との間が倫理によって規制される「顕」の領域は楕円で示されているが、かなり限られた狭い範囲である。その外には、広大な他者の「冥」の領域が広がる。実際には「冥」の世界は「顕」を包み込む、あるいは「顕」と重なり合っていると考えるほうがよい。しかし、ここであえて縦方向ではなく、横方向に「顕」と「冥」を位置づけたのは、ここでは図1の一神教的世界観のように、絶対者と人間が上下関係にあるのではなく、「顕」の世界の奥に「冥」の世界を捉えるほうがよいと思われるからである。上に向かって進むのよりも、ちょうど森をかき分けて奥に進むように、深度を深めていくと考えるほうがよい。先に、「冥」の世界を表わすのに、必ずしも「聖」という言葉はふさわしくないと述べたのは、この故である。また、「顕」と「冥」の間はこのように画然と区分されるわけではなく、境界は曖昧であり、流動的である。

ちなみに、一部の論者は、一神教は戦闘的で、多神教は平和の宗教だと主張し、神道ナショナリズムの立場から一神教を否定するような宣伝を行なっているが、それはまったく許されることではない。一神教と多神教は、次元が異なるのである。図3で、一神教的な神は、「冥」の世界の極限に位置づけられる。それは到達不可能な彼方であり、それ故、通常の言葉では表現不可能な「無」としか言えない。それ故、多神教は決して一神教を否定するものでないし、他方、一神教もまた、次元の異なる多神教と共存することになるのである。

図3はこのような世界観を表わしている。もちろん、分かりやすさのために、あえて二次元のレベルで表現したものであるから、その全貌が捉えられるわけではない。しかし、これでかなりイメージ化することはできるであろう。これを仮に「世界観のマンダラ」と

呼んでいる。

四、他者の重層と私の伸縮

以上が、本書以後の進展で、すでにいくつかの著書でそのアイディアを述べた。その後、さらに最近多少考えていることを少し記しておきたい。これは最近の論著に多少示した程度で、いまだ十分に展開されていない。それは、二つの点である。第一に、「冥」の他者の領域を雑然としたものとしてでなく、その深度によって重層化された構造を持つものと考えるべきではないか、ということである。そのアイディアは、論文「新しい哲学を目指して」（『FUKUJIN』一六、二〇一二）に多少示した。第二に、「私」と他者の関係について、「私」がはっきり境界線を引いて自己を確立できるものでなく、他者との境界はもっと曖昧で、流動的ではないか、ということである。このアイディアは、本書第18章にも多少述べたが、その後、『哲学の現場』（新潮新書、二〇一二）第四章などで展開させている。

第一点であるが、図に示したように、他者の「冥」の領域には、生きている他者、死者、神仏などを含みこみ、雑多である。それは人間の理性的把握を超えているのであるから、そこに秩序を考えるのは無意味と言われるかもしれない。しかし、僕たちの関わり方にはおのずから相違があり、それによって階層を立てることは必ずしも不可能ではない。いま仮に三層を分けてみたい。

第一層は、生きている他人という他者である。他者のうちでは了解可能な倫理の領域にもっとも近く、誰もが必ずぶつからざるをえない。他人は、了解可能の倫理の領域と了解不可能の他者の領域にまたがっている。倫理の領域では、個人は個人として自立し、理性的な判断に基づいて活動することが前提とされる。そこに、法や倫理における主体が確立される。科学的に把握される自然もまた、合理的な法則に従うものとして理解される限り、この領域に属することになる。

しかし、人と人との関係は、必ずしも理性的に構築されるわけではない。他人が何を考えているかなど、分かるはずもない。他人は根本的には了解不可能であり、関係を結ぶ場合も、理性以前に、理性で制御できない感情によって左右される場合が多い。

それればかりでなく、自分自身もじつは本当は分からない他者である。自分の身体の状況は、医学的な検査を受けなければ自分では分からないし、自分の心でさえ、自分でコントロールできないことのほうが多い。自己こそもっとも身近な他者なのである。

このように、自己も他人も、分からない他者的要素のほうが大きいことを認識することは、今後、医療、看護、介護、教育、育児から、政治にまで至る広い人間や社会の分野を考える上で、非常に重要である。理性によって自己も他人もすべて分かるという思い上がりを捨てることから、自己や他人との本当の付き合いが始まるのである。

第二層の他者は死者である。生きている他者が、たとえ分からなくても感覚的に把握され、接触されるのに対して、死者は、かつては生きていて接触可能であったのに、いまは直接的な関係を結ぶことが不可能になっている。生者が顕（倫理）と冥（他者）の間を行き来するのに対して、死者は顕の領域に入ることがない、まったき他者である。それだけその存在は茫漠としている。死者を霊魂のような存在として認める立場があるとともに、死ねば無になるという立場もありうる。しかし、たとえ死ねば無になるという立場を取っても、身近な死者とは何らかの関わりを持たざるをえない。存在ではなく、関係が問題になるのは、死者の場合に典型的に見られる。

このような死者の捉え方をするならば、従来ともすれば隠蔽され、表に出して議論されなかった葬儀や慰霊などの問題を取り上げることができるし、また、グリーフケアなどにも新しい視点をもたらすことができる。さらに、ターミナルケアや老齢者の問題も、死と死者を考慮に入れてはじめて議論できるであろう。それだけでなく、死者を世界の中に迎え入れることで、戦争や災害の大量死の問題も正面から論じられ、生者の世界をもう一度新しい視点から問い直すことができる。

第三層、即ち死者よりもさらに深い他者（冥）の次元に、神仏などが位置する。第一層から、第二層、第三層と深まっていくにつれて、次第に個体性が薄れ、直接的な接触が困難になっていく。神仏は死者以上に存在するか否かを問うことができない。そんなものはまったく存在しないという立場もありうる。それは、図1、または図2の世界観を採用することである。しかし、その場合でも、神仏との関係の中で生きている人たちがいることを否定はできず、それ故、図3の立場がありうることは認めなければならない。図3では、一神教も位置づけられるし、唯物論的な立場にしても、死者や神仏に対して否定という形で関わると考えれば、この図式に位置づけることが可能である。しかし、図1、2を採用すると、図3のような世界観を持つ人たちを受け入れる余地がない。それ故、図3のほうが包括性が大きく、応用力があると考えられる。

以上のように、他者の「冥」の領域に三層の別があると見ることで、それぞれの領域の問題を議論するのに、混乱が少なくなり、有効ではないかと考えられる。

次に、もう一つの論点は、自己と他者の限界は必ずしも明確ではないということである。「人の間」の倫理の領域は、明確な規定によって成り立つから、自己と他者の区別をはっきりさせることができる。それがもっとも形式化されたのが法体系である。しかし、ひとたび他者との関係になれば、自己と他者の境界は流動化する。本書第18章に記したように、自己の領域はそれほど明確には確定されない。例えば、服装やアクセサリーで個性を表わすとしたら、それも自己の一部ではないのか。それでは、別の服装をしたら、どうなるのだろう。さらには、自分の心も自分で統御できず、他者的であるとしたら、いったい何を自己と言ったらよいのであろうか。要するに、自己という何かを実体的に確定することはできない。

他者との間も容易に融解する。「私」は「私たち」になり「我々」になる。もっとも典型的には、性的な交渉を考えてみれば分かる。もし個がどこまでも個であるならば、性行為は、男性と女性が(あるいは同性同士でもよいが)、それぞれ別個の快楽を味わうだけのことになってしまう。相手は単に自己が快楽を味わうための道具でしかない。それはあまりに現実離れをしたおかしな話ではないだろうか。

このように、自己は流動的であり、他者と同化もするし、異化もする。同化は自己と他者の差異を無化して一体化する方向に向かい、異化は自己と他者の間に障壁を設けて反発する。その運動は同時に多方面に向かい、自己は境界線を曖昧にしながら、アメーバー状に流動的に動き、捉えどころがない。

こうした自己の不定形なあり方は、合理化できない他者との関係の中にあるからに他ならない。それが、第二層の死者との関係、さらに第三層の神仏との関係に深まる時、自己はさらに自己性そのものを喪失するような脅威/驚異の中に置かれるであろう。

例えば、医療、看護、介護、育児、教育などの問題を考える際にも、自己と他者の関係を完全に区切られたものの関係と見る限り解決されないことが多い。そうではなく、自己と他者の関係を、同化と異化の流動性において見ることで分かりやすくなることが多いのではないだろうか。このような問題は、これから深めていかなければならないことである。

五、思想史と哲学

上述のように、僕はそれまでの文献学的な思想史から距離を取ることで、本書の問題へと進むことができた。しかし、そのことは思想史的な考察を捨てることにはならない。本書で試みたことは、一面では伝統的な仏教思想を解体して再構築するという作業であった。また、本書後に導入した「顕」と「冥」という用語は、過去の日本思想との連続を強く意識したものであった。

西洋の哲学が、過去の哲学史と対話しながら現代の問題に立ち向かっているのと同様に、日本で新しい哲学を作ろうというのであれば、当然日本の過去の思想史と真向かいながら進んでいかなければならない。思想史と哲学とは、その間を往復しながら並行的に進んでいくべきものである。ところが、その基礎的な作業がこれまでなされてこなかった。僕自身、多く仏教という枠の中で思考しており、近世の儒学、国学やその他の思想を視野に入れた考察は不十分であった。拙著『近世の仏教』で、多少そのあたりを考慮しながら、思想の流れを捉える方向性が少し見えてきたように思っている。

また、思いがけなく、二〇一一年に比較思想学会の会長に選任され、これまで余り深く考えてこなかった比較思想という方法を、もう一度反省しながら発展させる必要も強く感じるようになった。日本の思想は（というか、そもそもあらゆる地域の思想がそうであるが）、他者としての異文化との交渉を通してはじめて形成されているのであり、一国に閉ざされた思想史ははじめから成り立たない。そのことを自覚的に捉えなおしていくことは、今後の思想史と哲学の構築のために不可欠である。

そのような問題意識から、今の関心はかなり日本思想史に立ち入って捉え直しを図るという方向に向けられている。その成果はいまだ十分に纏められるには至っていないが、今取り組んでいる問題を以下にメモ的に記しておきたい。

まず、仏教思想の枠内であるが、中世仏教形成期の思想史的な問題の捉え直しが必要である。かつてはいわゆる「鎌倉新仏教中心論」が流布し、法然・親鸞・道元・日蓮らが孤立的に偉大な思想家のように取り上げられ、他が無視されてきた。しかし、そもそも「顕」と「冥」という範疇が、そのような少数の思想家に限られるものではなく、中世的な発想を形作る精神史的な基盤の再発見という意味を持っている。そうであれば、中世の仏教思想史もまた、孤立した思想家という点と点を結ぶのではなく、そのような広がりを持った大きな流れとして理解していかなければならないであろう。

そのような観点から今注目しているのは、平安中期以後の密教の展開である。とりわけ覚鑁《かくばん》（一〇九五―一一四四）によって大成された五輪思想は重要な意味を持っている。五輪というのは、世界を形作る地・水・火・風・空という五つの要素で、それが四角・円・三角・半円・宝珠の形で表わされ、それらを下から積み上げたのが五輪塔である。これらはそれぞれ聖なる梵字によって象徴され、また、肝・肺・心・腎・脾という人間の五臓を表わすものでもある。このように、五輪を媒介とすることで、世界の真理と人間の身体が合一し、それが仏の世界と一体になるのである。別の言い方をすると、この身体に世界全体が集約され、それこそが仏の世界の実現であり、即身成仏だということになる。

このような身体論的な発想は、もう少し前の時代から始まっているが、人間を抽象的にではなく、具体的な身体的存在として捉えるという点で、きわめて重要な意味を持っている。その後展開する禅や念仏も、もともとはこうした身体論的な発想から出発している。また、人間の身体への注目は、男女の性行為やその発展上の胎児の成長・出産という問題への思索をも深めた。このような動向は、本覚思想とも絡んで、人間のありのままの生活をいかに仏教的に意味づけるかという重要な意味を持っていたが、従来「立川流」と呼ばれて邪教視され、正当に評価されていなかった。

さらに、こうした五輪思想は、死者論的にも重要な意味を持つ。それまでも死者供養ということはなされてきたが、死者の遺体の埋葬から始まる葬式仏教的な展開はこの頃からである。遺体もまた五輪思想に基づいて世界の根源たる仏の身体と同一視される。五輪塔が墓標としての意味を持つのはこのためである。いわゆる鎌倉新仏教をも含めて、中世仏教は、このような基盤の上に形成されることになった。

中世末になると、キリシタンの伝来などあって、新しい世界観・死生観が導入された。

従来の世界観が、西方極楽浄土と言われるように、水平軸的に展開していたのに対して、キリシタンが持ち込んだのは、「天」に絶対者が存在するという垂直軸的な発想法である。それは、近世に展開する儒教の発想とも一致する。死生観に関しても、天国か地獄かという二者択一を厳しく迫る点で、仏教的な死生観と大きく異なるものであった。

儒教はもともと合理主義的な発想を持ち、それがもっとも徹底されると、死後の存在を否定するに至る。ただ、他方で祖先祭祀を重視するために、完全に死後否定にまで徹しきれないところが残る。日本では、葬式や祖先祭祀に儒教的な形式が用いられず、すべて仏教的な形式で行なわれたため、儒教的な発想は必ずしも浸透せず、仏教的な世界観・死生観と重層することになった。

そうした世界観・死生観の曖昧さに対して、新しい視点をもって挑戦したのが国学から復古神道への流れである。本居宣長は、『古事記』に基づいて、仏教渡来以前の日本古来の世界観を解明しようとしたが、来世観に関しては十分に展開するに至らなかった。そこで、宣長の弟子服部中庸は『三大考』を著わし、世界が形成する過程を十段階を追って図式化し、この世界を天・地・黄泉の垂直軸的な三層構造を持つものと考えた。天はアマテラスによって支配される領域で、具体的には太陽(日)である。地は人間の住む領域である。死者の行く黄泉《よみ》はもともと地下的に表象されたが、最終的にツキヨミによって支配される月の世界であると考えられた。『三大考』は宣長にも認められ、『古事記伝』末尾に附録として収録された。

　その『三大考』を基としながらも、重要な点で改変を試みたのが、平田篤胤であった。篤胤は『霊能真柱《たまのみはしら》』を著わし、『三大考』を引用しながらも、死者が黄泉に行くというところを批判し、死者はこの世界を離れた黄泉に行くのではなく、死後もこの世界に留まり、我々の近くにいるという新しい来世観を主張した。これは、垂直軸的な世界観をもう一度転換し、「顕」の世界と同レベルの裏側に「冥」の世界を見るもので、死者が生者から切り離されるのではなく、死後も生者との関係の中に置かれるという、きわめて注目される新しい死生観を提示するものであった。

　篤胤一派の復古神道は、その後広範な支持を受けて明治維新の原動力となったにも拘わらず、近代になると古臭いものとして捨てられ、神道は国家神道として国家の祭祀に限定され、自由な活動が制約されることになった。死後の問題は、葬式仏教のような形で継承されているにも拘わらず、近代合理主義に合致しないとして、表面的な言説の世界から追放され、議論されなくなった。そうした中で、柳田国男は『先祖の話』において民衆の中に見られる死生観を解明したが（本書第27章参照）、それは篤胤的な死生観を受け継ぐものということができる。また、本書にも取り上げた田辺元や、本書以後、『他者・死者たちの近代』で取り上げた上原専禄のように、死者との関係を積極的に認める思想が、孤立的にぽつぽつと現われたが、それらは長い間奇異な思想と見られて、埋もれたままであった。

以上、死生観、死者論の問題を中心に、日本思想史を大雑把に振り返ってみた。このように見れば、日本の過去の思想史が決して古臭いものではなく、むしろ現代の最先端の問題を解明するヒントがいくらでも含まれていることが分かるであろう。従来、思想史の研究者と哲学者とが切り離され、さらに、思想史の中でも時代別や仏教・儒教などの流派ごとに専門が分化して、それらを統合しつつ現代哲学の問題と切り結んでいくという発想がほとんどなかった。そのような専門分化を乗り越えて、新しい哲学と思想史を築いていくことは、今日の急務と言わなければならない。

文庫版あとがき

本書は二〇〇六年にちくま新書として出版された『仏教 vs.倫理』の増補新版であり、本文は誤字を直した程度で、それ以上の変更はしなかった。その代わり、その後の思索の展開を増補として加えた。基本的な立場に変化はなく、その後の展開は、本書の発想をさらに深めることに向けられている。

文庫化するに当り、編集部から書名を変えてはどうかとの提案を頂いた。なじんだ書名を変えることに抵抗はあったが、決定版として定着できる書名にしたいということで、最終的に「仏教 vs.倫理」を副タイトルに回し、主タイトルを『反・仏教学』とすることに落ち着いた。

「反〇〇」というのは、木田元氏の「反哲学」の活動に由来するのであろうが、僕も氏の著作から大きな刺激を受けている。他の分野でも同様の書名が散見され、仏教学でも津田真一氏の名著『反密教学』(リブロポート、一九八七。改訂版、春秋社、二〇〇八)がある。既存の学問の常識を問い直す一連の運動と見ることができ、本書も基本的にその流れの中に位置づけてよいであろう。「反」は反対の「反」ではなく、自ら省みる意である。「仏教」を問い直すと同時に、「仏教学」をも問い直し、再構築しようという試みである。

本書中に「超・倫理」というキーワードがしばしば用いられていて、それを書名に使うことも考えられた。しかし、増補にも述べたように、本書以後、「顕」と「冥」という概念を多く用いるようになり、「超・倫理」という言い方はあまりしなくなった。「超」はやや超越的なニュアンスが強すぎて、「顕」なる倫理の領域と「冥」なる他者の領域の流動的な往き来を表わすのに、誤解を招くおそれがありそうだ。

二〇一一年の東日本大震災によって日本人の考え方が大きく変わったかのように、しばしば論じられるが、それは皮相なことであり、本書を読んで頂けば、それ以前から基本的な問題は一貫していることが知られるであろう。ただ、死者論のように、当時まだ十分に認知されず、奇異の目で見られた問題が、震災後急速に浮上してきたと考えられる。『現代仏教論』（新潮新書、二〇一二）で論じた震災の問題も、基本的には本書の延長線上にある。

最近の僕の仕事は、増補の最後の項に記したように、哲学的な思索を日本思想史のほうに戻りながら確認し、地固めをすることにかなりの力を割いている。西洋哲学が、哲学史と現代の問題との往復作業の中で展開されているのと同様に、日本の哲学もまた、日本思想史と現代哲学との往復作業の中でしか、本当に地に足の着いた展開は望めないと確信している。

本書の編集は、前著『日蓮入門』に引き続き、天野裕子氏に担当して頂き、書名の変更にも有益なアドヴァイスを頂いた。

二〇一三年孟春

著者

本書は二〇〇六年二月一〇日、ちくま新書として刊行された『仏教vs.倫理』を増補、改題したものである。

世界宗教史（全8巻）

ミルチア・エリアーデ

宗教現象の史的展開を膨大な資料を博捜し著された人類の壮大な精神史。エリアーデの遺志にそって共同執筆された諸地域の宗教の巻を含む。

世界宗教史1　ミルチア・エリアーデ　中村恭子訳

人類の原初の宗教的営みに始まり、メソポタミア、古代エジプト、インダス川流域、ヒッタイト、地中海地域、初期イスラエルの諸宗教を収める。

世界宗教史2　ミルチア・エリアーデ　松村一男訳

20世紀最大の宗教学者のライフワーク。本巻はヴェーダの宗教、ゼウスとオリュンポスの神々、ディオニュソス信仰等を収める。（荒木美智雄）

世界宗教史3　ミルチア・エリアーデ　島田裕巳訳

仰韶、竜山文化から孔子、老子までの古代中国の宗教と、バラモン、ヒンドゥー、仏陀とその時代、オルフェウスの神話、ヘレニズム文化などを考察。

世界宗教史4　ミルチア・エリアーデ　柴田史子訳

ナーガールジュナまでの仏教の歴史とジャイナ教から、ヒンドゥー教の総合、ユダヤ教の試練、キリスト教の誕生などを収録。（島田裕巳）

世界宗教史5　ミルチア・エリアーデ　鶴岡賀雄訳

古代ユーラシア大陸の宗教、八―九世紀までのキリスト教、ムハンマドとイスラーム、イスラームと神秘主義、ハシディズムまでのユダヤ教など。

世界宗教史6　ミルチア・エリアーデ　鶴岡賀雄訳

中世後期から宗教改革前夜までのヨーロッパの宗教運動、宗教改革前後における宗教、魔術、ヘルメス主義の伝統、チベットの諸宗教を収録。

世界宗教史7　ミルチア・エリアーデ　奥山倫明／木塚隆志／深澤英隆訳

エリアーデ没後、同僚や弟子たちによって完成された最終巻の前半部。メソアメリカ、インドネシア、オセアニア、オーストラリアなどの宗教。

世界宗教史8　ミルチア・エリアーデ　奥山倫明／木塚隆志／深澤英隆訳

西・中央アフリカ、南・北アメリカの宗教、日本の神道と民俗宗教。啓蒙期以降ヨーロッパの宗教的創造性と世俗化などを収録。全8巻完結。

シャーマニズム（上）
ミルチア・エリアーデ
堀一郎訳

二〇世紀前半までの民族誌的資料に依拠し、宗教史学の立場から構築されたシャーマニズム研究の金字塔。エリアーデの代表的著作のひとつ。

シャーマニズム（下）
ミルチア・エリアーデ
堀一郎訳

宇宙論的・象徴論的概念を提示した解釈は、霊魂の離脱（エクスタシー）という神話的な人間理解として現在も我々の想象力を刺激する。（奥山倫明）

回教概論
大川周明

最高水準の知性を持つと言われたアジア主義者の力作。イスラム教の成立経緯や、経典などの要旨が的確に記された第一級の概論。（中村廣治郎）

原典訳 チベットの死者の書
川崎信定訳

死の瞬間から次の生までの間に魂が辿る四十九日の旅――中有（バルドゥ）のありさまを克明に描き、死者に正しい解脱の方向を示す指南の書。

旧約聖書の誕生
加藤隆

旧約聖書は多様な見解を持つ文書を寄せ集めて作られた書物である。各文書が成立した歴史的事情から旧約を読み解く。現代日本人のための入門書。

空海コレクション1
空海
宮坂宥勝監修

主著『十住心論』の精髄を略述した『秘蔵宝鑰』、及び顕密を比較対照して密教の特色を明らかにした『弁顕密二教論』の二篇を収録。（立川武蔵）

空海コレクション2
空海
宮坂宥勝監修

真言密教の根本思想『即身成仏義』『声字実相義』『吽字義』及び密教独自の解釈による『般若心経秘鍵』と『請来目録』を収録。（立川武蔵）

増補 日蓮入門
末木文美士

多面的な思想家、日蓮。権力に挑む宗教家、内省的な理論家、大らかな夢想家など、人柄に触れつつ遺文を読解き、思想世界を探る。（花野充道）

禅に生きる
鈴木大拙コレクション
鈴木大拙
守屋友江編訳

静的なイメージで語られることの多い大拙。しかし彼の仏教は、この世をよりよく生きていく力を与えるアクティブなものだった。その全貌に迫る著作選。

原始仏典　中村元

釈尊の教えを最も忠実に伝える原始仏教の諸経典の数々。そこから、最重要な教えを選りすぐり、極めて平明な注釈で解く。（宮元啓一）

選択本願念仏集　法然
石上善應訳・注・解説

全ての衆生を救わんと発願した法然は、ついに、念仏すれば必ず成仏できるという専修念仏を創造し、本書を著した。菩薩魂に貫かれた珠玉の書。

龍樹の仏教　細川巌

第二の釈迦と讃えられながら自力での成仏を断念した龍樹は、誰もが仏になれる道の探求に打ち込んでいく。法然・親鸞を導いた究極の書。（柴田泰山）

阿含経典1　増谷文雄編訳

ブッダ生前の声を伝える最古層の経典の集成。第1巻は、ブッダの悟りの内容を示す経典群、人間の肉体と精神を吟味した経典群を収録。（立川武蔵）

阿含経典2　増谷文雄編訳

第2巻は、人間の認識（六処）の分析と、ブッダ最初の説法の記録である実践に関する経典群、祇園精舎を訪れた人々との問答などを収録。（佐々木閑）

阿含経典3　増谷文雄編訳

第3巻は、仏教の根本思想を伝える初期仏伝資料と、ブッダ最後の伝道の旅、沙羅双樹のもとでの〈大いなる死〉の模様の記録などを収録。（下田正弘）

バガヴァッド・ギーターの世界　上村勝彦

宗派を超えて愛誦されてきたヒンドゥー教の最高経典が、仏教や日本の宗教文化、日本人の思考に与えた影響を明らかにする。（前川輝光）

宗祖ゾロアスター　前田耕作

ゾロアスターとは何者か。プラトンからニーチェに至る哲学者を魅了した伝説的存在、その謎に満ちた生涯・正典を妖しい霧の中に分け入り探る。

増補 チベット密教　ツルティム・ケサン　正木晃

インド仏教に連なる歴史、正統派・諸派の教義、個性的な指導者、性的ヨーガを含む修行法。真実の姿を正確に分かり易く解説。（上田紀行）

空飛ぶ円盤

C・G・ユング
松代洋一訳

UFO現象を象徴比較や夢解釈を駆使して読み解き、近代合理主義が切り捨てた心的全体性を回復しようとする試み。生前に刊行された最後の著書。

哲学入門

バートランド・ラッセル
髙村夏輝訳

誰にも疑えない確かな知識など、この世にあるのだろうか。近代哲学が問い続けてきた諸問題を、これ以上なく明確に説く哲学入門書の最高傑作。

論理的原子論の哲学

バートランド・ラッセル
髙村夏輝訳

世界は原子的事実で構成され論理的分析で解明しうる——急速な科学進歩の中で展開する分析哲学。現代哲学史上あまりに名高い講演録、本邦初訳。

場所の現象学

エドワード・レルフ
高野岳彦／阿部隆／石山美也子訳

〈没場所性〉が支配する現代において〈場所のセンス再生の可能性〉はあるのか。空間創出行為を実践的に理解しようとする社会的場所論の決定版。

レヴィナス・コレクション

エマニュエル・レヴィナス
合田正人編訳

人間存在と暴力について、独創的な倫理にもとづく存在論哲学を展開し、現代思想に大きな影響を与えているレヴィナス思想の歩みを集大成。

実存から実存者へ

エマニュエル・レヴィナス
西谷修訳

世界の内に生きて「ある」とはどういうことか。存在は「悪」なのか。初期の主著にしてアウシュヴィッツ以後の哲学的思索の極北を示す記念碑的著作。

倫理と無限

エマニュエル・レヴィナス
西山雄二訳

自らの思想の形成と発展を、代表的著作にふれながら語ったインタビュー。平易な語り口で、自身によるレヴィナス思想の解説とも言える魅力的な一冊。

黙示録論

D・H・ロレンス
福田恆存訳

抑圧が生んだ歪んだ自尊と復讐の書「黙示録」を読みとき、現代人が他者を愛することの困難とその克服を切実に問うた20世紀の名著。（高橋英夫）

概念と歴史がわかる
西洋哲学小事典

生松敬三／木田元／伊東俊太郎／岩田靖夫編

各分野を代表する大物が解説する、ホンモノかつコンパクトな哲学事典。教養を身につけたい人、議論したい人、レポート執筆時に必携の便利な一冊！

ちくま学芸文庫

反《はん》・仏教学《ぶっきょうがく》　仏教《ぶっきょう》vs.《たい》倫理《りんり》

二〇一三年二月十日　第一刷発行

著　者　末木文美士（すえき・ふみひこ）
発行者　熊沢敏之
発行所　株式会社　筑摩書房
東京都台東区蔵前二―五―三　〒一一一―八七五五
振替〇〇一六〇―八―四一二三
装幀者　安野光雅
印刷所　株式会社精興社
製本所　株式会社積信堂

乱丁・落丁本の場合は、左記宛にご送付下さい。
送料小社負担でお取り替えいたします。
ご注文・お問い合わせも左記へお願いします。
筑摩書房サービスセンター
埼玉県さいたま市北区櫛引町二―六〇四　〒三三一―八五〇七
電話番号　〇四八―六五一―〇〇五三

ISBN978-4-480-09511-4 C0115